中学思政课堂
融入地方特色文化资源
研究
——以宁乡市为例

顾　问／朱清明

主　编／彭惠才

副主编／周慈民　周汉学　谢科明
　　　　刘令军　杨昌志　周知军
　　　　程　何　蒋顺东　周　书

湖南大学出版社
·长沙·

图书在版编目（CIP）数据

中学思政课堂融入地方特色文化资源研究：以宁乡市为例/彭惠才主编. —长沙：湖南大学出版社，2024.6
ISBN 978-7-5667-3281-1

Ⅰ.①中…　Ⅱ.①彭…　Ⅲ.①政治课—教学研究—中学　Ⅳ.①G633.202

中国国家版本馆 CIP 数据核字（2023）第 234323 号

中学思政课堂融入地方特色文化资源研究——以宁乡市为例
ZHONGXUE SIZHENG KETANG RONGRU DIFANG TESE WENHUA ZIYUAN YANJIU
——YI NINGXIANG SHI WEI LI

主　　编：彭惠才
责任编辑：全　健
印　　装：长沙鸿和印务有限公司
开　　本：787 mm×1092 mm　1/16　　印　张：13　字　数：240 千字
版　　次：2024 年 6 月第 1 版　　印　次：2024 年 6 月第 1 次印刷
书　　号：ISBN 978-7-5667-3281-1
定　　价：42.00 元

出 版 人：李文邦
出版发行：湖南大学出版社
社　　址：湖南·长沙·岳麓山　　邮　编：410082
电　　话：0731-88822559（营销部），88821594（编辑室），88821006（出版部）
传　　真：0731-88822264（总编室）
网　　址：http://press.hnu.edu.cn
电子邮箱：437291590@qq.com

前 言

让地域特色文化资源更具特色

宁乡是一片红色热土，红色资源丰厚，数量多、种类全。宁乡的革命先辈为中国共产党精神谱系的形成和发展，做出了不朽的贡献。宁乡是原国家主席刘少奇、中共一大代表何叔衡、共和国司法奠基人谢觉哉、"两弹一星"功勋奖章获得者周光召、大庆油田命名人欧阳钦等革命先辈故里。

习近平总书记在 2019 年 3 月 18 日召开的思政课教师座谈会上指出："思想政治理论课是落实立德树人根本任务的关键课程。"挖掘地域特色文化资源，开展思政教育，将其全面贯穿到学生的教育培养中，与理想信念教育、爱国主义教育等有机融合，提升中小学生的政治素质和道德素质，使他们树立正确的世界观、人生观和价值观，促进学生健康成长，是培养中国特色社会主义事业合格建设者和可靠接班人的立基之策，对于全面贯彻党的教育方针、落实立德树人的根本任务有着重大意义。落实习近平总书记重要指示，将宁乡市丰厚的特色文化资源充分挖掘、研究利用，融入中学思政课程，为党育人，为国育才，是思政教师的自觉选择。

2020 年 12 月"宁乡市域红色文化资源融入中学思政课程研究"课题应运而生。课题立项书向上申报时，从宁乡一中到宁乡市教研中心，再到长沙市教科院，"一路绿灯"，长沙市教科院的领导专家，对此课题厚爱一层，将其立为"十三五"教育科学规划重点资助课题。时任宁乡市教育局局长欧正坤先生高度重视，他强调："思政课在教育系统内是局党委工程，活动必须由教育局来主办；所有中小学教师，特别是思政教师要共同努力，要让宁乡红色资源照亮红色宁乡，传承红色基因，赓续红色血脉。"局党委和局长的重视支持，促进了课题组积极稳妥地开展研究工作。

三年来，课题组的初心和使命，就是要在新时代，抹去蒙在红色资源上的"记忆灰尘"，让地域红色资源"更红"，成为宝贵的中学思政课程资源，成为滋润孩子们心灵的精神之钙，以培养有理想、有本领、有担当的时代新人。课题组以立德树人为根本目标，脚踏实地开展研究实践活动，追求研究的"真、深、恒、效"。经过三年的研究，课题组对宁乡市域红色资源进行整理和归类，构建了宁乡红色资源精神谱系：建党精神、井冈山精神、延安精神、抗日精神、解放战争精神、大庆精神、"两弹一星"精神、法治精神……研究成果有课例、视频、论文、专著，等等。课题组以"奋斗百年路·启航新征程""礼赞二十大·奋进新时代"为主题，组织了教案、活动设计评比和征文活动，征集作品 322 篇，评定一等奖 100 多篇（个）；组织了微课比赛、教学比赛和主题班会课比赛，参加这三项活动的包括片区赛、决赛共 150 多人次，其中微课作品在长沙市获奖的有 10 余项。此外，还与市教研中心、初高中思政名师工作室联合组织了"有风景的思政课堂"教学比赛、中学生"礼赞二十大·奋进新征程"手抄报比赛。同时，还动员和鼓励相关学校、区域"就地取材"，积极开发利用学校及其所在地的红色资源，融入学校思政课程教学之中，在更广泛范围内"激活"市域红色资源，使其转化为生动的教育资源。在不断探索实践的基础上，有关"宁乡市域红色文化资源融入中学思政课程研究"的专著也呼之欲出。本书分为理论、案例两个部分，为今后进一步深入开展市域红色资源融入中学思政课程研究提供了理论指导、可资借鉴的案例和丰富的资源。三年来，课题组成员共设计课例 547 堂，组织教学竞赛评出市级优课 34 堂，27 篇论文获省级一等奖，已基本完成课题研究任务。

2023年3月21日下午，长沙市"十三五"教育科学规划课题"宁乡市域红色文化资源融入中学思政课程研究"结题验收与培训会在宁乡市教师进修学校举行，长沙市教科院党委书记胡志豪，长沙市教育研究规划所所长袁苍松、理论教研员蔡星等专家莅临指导。专家对课题组脚踏实地的研究过程和取得的成果给予了充分肯定，认为：课题选题符合地域特点，研究过程精细，研究阵容强大；实施县域整体推进，为宁乡市思政教师发展搭建了新平台，开辟了思政课教育教学的新境界，创新了学校德育发展的新途径；有利于助推教师专业成长，有利于培育学生核心素养。同时，专家从课题的表述、研究内容、研究策略和方法的选择等方面提出了中肯的指导意见。最后，胡志豪书记代表长沙市教育科学规划课题组宣布，"宁乡市域红色文化资源融入中学思政课程研究"圆满结题。

习近平总书记在走访各红色基地时，反复强调："要把红色资源利用好，把红色传统发扬好，把红色基因传承好。"习近平总书记在考察湖南期间曾多次指出，湖南红色资源丰富，十步之内必有芳草，要从党的光辉历史中汲取砥砺奋进的精神力量。思政课是立德树人的关键课程，红色资源是中学思政课程的优质资源。思政课程的开展必须以一定的资源作为支撑，思政教育的过程就是教师利用思政教育资源通过师生互动发挥立德树人作用的过程。思政教育的效果与思政教育资源的选择是否合宜密切相关。红色教育资源既是实现中学思政课程铸魂育人的"巧妇之米"，又是拓展课堂时空、增强课堂思想性和吸引力的"源头活水"，是中学思政课程不可多得的优质资源。红色资源的开发利用是对中学思政课程教学的创新。长期以来，初高中思政课程教学过程中"重学轻育""重考轻育"的现象比较严重。从教材的编写来看，在选材用材方面，偏重于国内外重大历史事件、历史人物，而对地方尤其是县（市）级的红色资源较少涉及。而地方红色资源是当地鲜活的历史印记，作为重要的课程资源具有多样性、生动性、亲近性等特征，可以弥补思政课程过于偏重理论性、抽象性的缺陷。将学生身边的红色文化资源融入初高中思政课程，与学生生活实际、实践相联系，可以转变传统说教模式，促进中学思政课程教育方式的创新。教师引领，学生参观、阅读、讨论、感悟，让思政课程教学更"有血有肉""有骨有魂"，使思政课堂有更贴近学生的

"家国情怀"，可以增强思政教学的思想力、引领力、感染力和实效性。

　　学贵有恒，研无止境。由于编写者、课题研究者的局限性，本书肯定存在诸多毛病和不足。恳请各位专家及读者朋友批评指正，以利于地域特色文化资源更有特色，地域红色资源"更红"，告慰革命先辈，传承红色基因，赓续红色血脉。

目次

上编　理论篇

第一章　地域特色文化资源的内涵解析

| 第一节　概念界定 |

习近平总书记在全国各地考察，每到一处红色故地，都强调要把红色资源传承好、利用好，要在青少年中加强党史、新中国史、改革开放史、社会主义发展史"四史"教育，厚植红色基因，赓续红色血脉。

红色资源是在中国共产党带领中国人民从革命到新时代中国特色社会主义现代化建设历史时期内，优秀精神文明和先进思想文化的结晶，具有永恒的价值。在中学思想政治课程中，红色资源能够作为一种独特的教学资源而存在（本书以下均称"地域特色文化资源"），也能作为一种优秀的文化时刻影响着学生。

地域特色文化资源一方面包括在中华民族陷入困境时，中国共产党领导人民反抗恶势力的革命精神，比如井冈山精神、延安精神、长征精神等等，另一方面也包括新中国建立后，一系列的发展建设精神。不管是哪一个部分的精神内容，都是地域特色文化资源不可分割的一部分，充分体现了中国共产党和中国人民在挽救民族危亡，实现国家独立、民族复兴过程中的强大精神力量。

而地域特色文化资源背后所蕴含的民族优秀文化和精神，能够为中学思想政治课的教学做出重要的贡献。[①] 中学思想政治课是为了在提高学生科学文化素养的基础上提高学生思想道德素养，帮助学生形成正确的世界观、人生观和价值观

---

① 刘辉，范高智. 思想政治教育融入红色文化的问题及对策：基于海口市桂林洋片区高等院校 [J]. 淮北职业技术学院学报，2020（1）：24-26.

的重要基础课程，涉及较多的思想道德、历史文化、逻辑哲学等内容，在学习毛泽东思想和中国特色社会主义思想时，尤其需要地域特色文化资源来辅助教学。

作为红色革命摇篮地之一的宁乡，孕育出了许多的革命家，其中包括最广为人知的刘少奇、何叔衡，他们都曾出现在语文、历史教材当中；而他们这一代人所代表的正是伟大的革命阶级。宁乡这片土地，绵延着许多的革命道路，都是由一代又一代的革命前辈走出来的红色道路。这片土地还孕育了许多的地域特色文化资源。在 21 世纪的今天，国家也大力鼓励宁乡深入挖掘当地的地域特色文化资源，修茸和完善当地的革命印记。而在开展中学思政课堂教学的时候，应将宝贵的地域特色文化资源、红色文化融入课堂当中，将地域特色文化资源中的优秀品质渗透在思政课堂教学的方方面面，让学生充分地了解自己的家乡，了解这片红色土地。①

第二节　地域特色文化资源的内容

地域特色文化资源是党领导人民群众在革命、建设和改革过程中形成的宝贵精神财富。② 宁乡是一片具有伟大革命传统的红色沃土，地域特色文化资源丰厚，贯穿了宁乡人民进行艰苦卓绝的民主革命、社会主义革命和建设的全过程。自新民主主义革命爆发以来，楚沩大地先后产生了甲种师范讲习所（简称"甲师"）、宗一学校、玉潭学校、云山书院等一大批培育革命人才的摇篮。宁乡党史上更是星火闪亮、人才辈出，涌现了建党先驱、中共一大代表何叔衡，党和国家领导人刘少奇、谢觉哉、陶峙岳、欧阳钦等杰出人物。

据统计，宁乡市共有 80 处红色文物点，15 处红色文物保护单位，还有全国重点文物保护单位 3 处，即刘少奇故居、何叔衡故居、谢觉哉故居。其中，刘少奇故居为国家级爱国主义教育基地，何叔衡故居及谢觉哉故居为省级爱国主义教育基地。宁乡还有炭子冲学校、惠同廊桥、何南薰墓、云山学校等 4 处省级文物保护单位，宁乡战役抗战阵亡烈士塔、周光彝墓等 2 处市级文物保护单位，以及姜梦周墓、陈敦和墓、洪行将军碑刻、甘泗淇故居、宁华桥、红桃山抗战遗址、

---

① 杨志斌. 挖掘红色资源 弘扬红色传统 传承红色基因［J］. 今日海南，2019（2）：54-55.

② 张芳，周维功. 红色资源融入高校党史学习教育的价值意蕴与实践路径：以福建为例［J］. 宁德师范学院学报（哲学社会科学版），2021（4）：119-123.

萧述凡墓等 7 处县级文物保护单位。

如今珍藏在宁乡大地的一个个教育基地，一处处文物旧址，一段段革命故事，一张张红色照片，都是一部部生动的历史教科书、一座座红色文化基因库，蕴含着极其丰富的党性养分和政治智慧。不论时代如何发展进步，积淀在这段厚重历史中的红色底蕴永不褪色，已熔铸为宁乡大地永恒的精神底色。正是这些历史，丰富和拓展了高中思政课程资源，是厚植家国情怀、培养学生政治认同核心素养的最珍贵的精神财富。

对于宁乡县域的特色文化资源，课题组进行了分类整理，提供给一线教师使用。

一、地域特色文化资源精神谱系

这一类资源主要来源于刘少奇、何叔衡、谢觉哉等革命先辈故居、陈列馆、纪念馆。

宁乡是一方红色热土，课题组对域内的革命纪念场馆、先进人物和事迹进行梳理，整理和提炼出可以融入思政课堂的地域特色文化资源谱系。主要有：毛泽东游学注重调研的求实研学精神（1917 年夏天，青年毛泽东携学友萧子升游学宁乡，先后到石仑关、云山书院、何叔衡家、谢觉哉家、沩山密印寺进行调查研究，了解当时中国的"三农"问题，思考中国革命道路）；刘少奇的修养精神（《论共产党员的修养》）、实事求是精神（1961 年，刘少奇回宁乡进行 44 天的实地考察调研，44 个日夜有 33 天在田间奔走，走访了宁乡、长沙、湘潭各地 10 多个生产大队，累计行程达 4000 多公里）、人民情怀（在回宁乡调研当中，他亲口尝农民充饥食用的野菜、糠粑粑，亲身感受过农民生活的艰难困苦；受到错误批判时坚信"好在历史是人民写的"）；何叔衡的建党精神（中共一大代表）、"三牛精神"（"何胡子是苏维埃的一头牛"）、牺牲精神（践行"为苏维埃流尽最后一滴血"的誓言）；谢觉哉的"焦官"精神（官儿不焦，天下大乱；官儿焦了，转危为安）、法治精神（中华人民共和国第一任司法部部长、法治奠基人）；陶峙岳的爱国主义精神（1949 年 9 月，陶峙岳将军在甘肃酒泉、新疆率国民党军队 10 万余人通电起义，接受中国共产党的领导，为和平解放新疆、维护祖国统一和民族团结以及新中国的建立，做出了重大贡献）；周光召的"两弹一星"精神和家国情怀（听从党和国家召唤，从苏联回国转行研究核物理理论，荣获功勋奖章，并于 2003 年 12 月将奖章捐赠给宁乡一中）。课题组还对众多平凡而伟大的人物事迹进行收集、汇总，为思政课程和课程思政提供丰厚的地域特色文化资源。

二、地域特色文化资源故事

这一类资源主要来源于中共宁乡县委党史联络组、宁乡县史志档案局编著，湖南人民出版社出版的《中国共产党宁乡简史（1921—2009）》，以及中共流沙河镇委员会编写的《红色沃土·流沙河》，宁乡县志编纂委员会编纂的历年《宁乡县志》。

在整理过程中，课题组找到了许多之前闻所未闻的县域红色人物和红色故事，其中不乏史料上没有记载的新发现。如"宁乡四髯"就读过的小金陀馆，宁乡版"阿庆嫂"刘石三嫂开设的刘记悦来客栈（秘密交通站旧址）等，辛亥革命期间领导新疆迪化（今乌鲁木齐）起义、周震鳞先生主持回宁乡安葬的刘先俊墓地等。宁乡县域有数位如夏明翰一样慷慨赴死的革命烈士，同样留下了不朽的就义诗。宁乡青山桥人李甲秾烈士，在 1932 年正月就义前赋诗："以身许国志如山，生死从来置等闲。战斗一生为革命，粉身碎骨心也甘。"宁乡大田方人尹澍涛 1932 年牺牲时 28 岁，他在就义前赋诗："一腔热血洗山河，一颗头颅值几何？铁脚踢开荆棘路，后人好唱自由歌。"何叔衡同志的女婿、龙田七里山人夏尺冰烈士，被捕后在敌人面前宁死不屈，不透露党半点秘密，敌人把他残忍杀害，牺牲时 26 岁。

谢觉哉老先生的夫人王定国女士 92 岁的时候还重走了长征路；曾任中共九江、德安、瑞昌三县中心县委书记，在延安抗大学习后回湖南开展地下工作的尹泽南，病逝后居然就葬于大田方中学右侧的山岗上；流沙河镇关爱下一代协会会长戴凯勋老人家的父亲戴执中是抗日英烈……

这些地域红色人物进入思政课堂，在更好地阐述崇高信仰和真理的力量的同时，让我们的青少年懂得"邻家大叔"中就有革命榜样。

三、地域特色文化资源视频资料

这一类资源主要来源于中央电视台、湖南卫视等国内官方媒体播放的宁乡地域特色文化资源影视资料（包括电影、电视剧），以及宁乡市融媒体中心《沩水春秋》历期有关宁乡各个历史时期人物的影像资料。如电视剧《刘少奇故事》12集；电视剧《香山叶正红》；电视剧《中流击水》；《东方时空·红色档案》"刘少奇致信 14 岁女儿：你到底要做一个什么样的青年"；《朝闻天下·红色档案》"刘少奇的一份演讲提纲成了共产党员的必读之书"；《新闻直播间·红色档案》"一封家书——刘少奇写给儿子：批评中的成长"；电视剧《共产党人刘少奇》；

《军事报道》"奋斗百年路　启航新征程·数风流人物：何叔衡用生命践行铮铮誓言"；视频"'双百'人物中的共产党员何叔衡"；《东方时空·红色档案》"中共一大最年长代表　生死之际他如何选择"；等等。

四、红色家书

有句话说，最是"家风"能致远。国是最大家，家是最小国，社会由千千万万个家庭组合而成，家风清则社会风气正。家书能体现一个家的家风，体现作者的精神境界、家庭为人处世的德行以及作为父母对子女的要求。

家书于中学生而言具有可读性强、代入感强的特点。如刘少奇给十四岁女儿刘平平的家书全篇共 957 个字，语言亲切，对平平的爱与期盼都浓缩在字里行间。少奇爷爷对平平的发问——"十四岁以后，你想成为一名什么样的青年？"也正好问向了正阅读这封家书的少年。在教师引导下，学生也会思考，站在新的历史起点，应该成为一名什么样的少年。又如 1949 年谢觉哉在回复儿子谢子谷的信中写道："革命了，世界变了，叫做工作，不叫找事。比如我在这当部长，不是官，公家只管穿、吃、住；小孩给津贴，上学不要钱；孩子的母亲，也得自己做工作。吃伴进饭，是被人看不起的，除非是老了或残废。"谢老的家书，体现了一名共产党人严于律己、坚守人民立场、热爱劳动的高风亮节。《谢觉哉家书》是培养中学生革命品质，引领中学生形成正确的人生观、价值观和世界观的宝贵的地域特色文化资源。

五、纪念馆

将党史与纪念馆结合，让革命先辈的人物形象从教科书里"走出来""立起来"。学生在教师的指导下带着问题与目标进入纪念馆是一次有驱动力的自发性学习。学生对故事背景了解得越透彻，对红色精神的领悟就越深刻。

第二章 地域特色文化资源的教育功能

历史是最好的教科书，中国革命史是最好的营养剂。[①] 在中国特色社会主义进入新时代的伟大征程中，需要一代又一代的社会主义建设者持之以恒地努力。将宁乡地域特色文化资源融入中学思政课堂，这是一种自然而然的浸润渗透，是一种水到渠成的价值引导，有利于让学生在情感共鸣的基础上，从感性认识上升到理性认识，实现对党和国家的高度认同，促进学生共赴时代新征程。

第一节 地域特色文化资源的政治认同功能

地域特色文化资源是中国共产党领导全国各族人民以马克思主义为指导思想，从中国实际出发，在实现民族独立、人民解放、国家富强、人民幸福的历史任务中创造的一种先进的政治文化资源。[②] 地域特色文化资源是中国共产党带领全国各族人民进行革命、建设的艰苦卓绝、气壮山河的历史的见证和缩影，昭示着党的初心使命、理想信念、价值追求与中国人民的根本利益具有内在一致性，是党执政合法性的强大佐证。

一、依托地域特色文化资源，夯实政党认同基础

以宁乡地域特色文化资源为依托，引导学生通过对宁乡地域特色文化资源的直观感受和了解，深入挖掘地域特色文化资源背后的真实历史，在时代的历史语

---

① 石磊. 问题与路向：红色文化融入高校思政课实践教学的思考［J］. 黑河学院学报，2020，11（9）：22-25.

② 石瑾. 红色文化融入思政课堂的可行性分析［J］. 中学政治教学参考，2021（10）：87.

境中感受中国共产党坚持人民至上所做出的一个个改天换地的壮举、留下的一串串枪林弹雨的足迹，从而实现学生对中国共产党执政的广泛认同。

例如，高中统编版教材必修三《政治与法治》第一单元"中国共产党的领导"，核心问题就是要引导学生明确"坚持党的领导是历史和人民的选择"和"新时代如何坚持和加强党的全面领导"。对于高中生来说，因为生活经验和社会阅历的局限，他们对共产党的了解不多、认同度不高，若教师单从理论知识教学入手，学生肯定能够听懂，但更多是停留于表面的、被动的、形式上的知识接收，很难内化为政治上的真实认同。一知半解就会不信不服、知行相离。要解决好这一问题，就必须做到讲之有据，要选择合适的教学素材，创设情境充当教材知识与学生学习生活的桥梁和纽带。宁乡地域特色文化资源的形成和发展，生动而真实地记载了中国共产党以马克思主义为指导思想，带领全国各族人民推翻"三座大山"、建立新中国，进行社会主义革命、建设社会主义新中国，实行改革开放，追求人民幸福、民族复兴，进入中国特色社会主义新时代的光辉历程。教师可以选择宁乡党史上新民主主义革命、社会主义革命、改革开放等各个时期的典型红色故事串联起历史发展的脉络，为学生系统而直观地呈现中国共产党始终以人民为中心的初心使命和责任担当。何叔衡是从宁乡走出去的中共一大代表，是宁乡的精神财富、辉煌的红色宁乡符号，也是稀缺的爱国主义教育资源。1920年何叔衡就与毛泽东等共同发起成立长沙的共产党早期组织，是我党创始人之一，被誉为苏区的"反腐先锋"和"红色管家"。1934 年 10 月，中央主力红军开始了长征，他奉命留守苏区坚持游击战争。1935 年，59 岁的何叔衡在福建长汀的行军中被敌人发现，为了不拖累部队，最终他跳崖英勇牺牲，兑现了"为苏维埃流尽最后一滴血"的誓言。教师运用客观事实介绍宁乡革命人士的感人故事，让学生在潜移默化中体会到，中国共产党执政是历史和人民的选择，增强对中国共产党执政地位的认同。

二、借助地域特色文化资源，创新文化认同方法

文化代表民族的灵魂血脉和精神记忆，是维系一个民族生存，延续更广泛、更持久、更深层次的认同，形成民族凝聚力和向心力的重要基础。[①] 针对中学生的文化认同培育，既要引导学生认同中华优秀传统文化、革命文化、中国特色社

---

① 佟光宇. 彰显甘肃红色文化底蕴 落实立德树人根本任务：将红色文化融入中学道德与法治课程教学实践研究 [J]. 中学课程辅导（教师通讯），2020（20）：26-27.

会主义文化，也要教育他们提高眼力、注意辨别，透过纷繁复杂的文化思潮主动向主旋律靠拢。

地域特色文化资源是中国革命文化的精华，也是中国特色社会主义文化的重要组成部分，是中国革命史、社会主义建设史、改革开放史的文化积淀，是增进学生文化认同的宝贵资源。毫无疑问，宁乡地域特色文化资源是培育中学生文化认同不可多得的重要载体。例如，高中统编版教材必修四《哲学与文化》第七课"继承发展中华优秀传统文化"第三框"弘扬中华优秀传统文化与民族精神"的教学就离不开地域特色文化资源的载体支撑。首先，民族精神是民族文化的结晶，是我们深厚的文化软实力，培育民族精神就是要学生认同民族文化的核心理念与思想精华。其次，红色文化资源见证不同时期党的奋斗历程，是民族精神的生动诠释，是民族精神的有力载体。文化认同贵在得法，红色文化灿似明珠。教师应心怀虔诚将宁乡地域特色文化资源嵌入课堂教学，讲好红色故事，弘扬好红色文化，阐发好红色精神。通过宁乡地域特色文化资源中一个个典型人物如中共一大代表何叔衡、大庆油田命名者欧阳钦、"两弹一星"功勋奖章获得者周光召的介绍，引导学生感受"红船精神""井冈山精神""长征精神""延安精神""大庆精神""载人航天精神"的精神内涵。每一种民族精神可指定一个小组的学生进行研讨，学生通过资料收集、积极讨论、上台演讲等方式增强对民族精神的感知和认同。同时，教师也可以利用搜集整理宁乡不同时期的红色故事、英雄事迹、红色家书、遗址遗迹等材料，借助多媒体技术展开情境教学。以"民族精神的发展历史"为切入口，将学生带入"宁乡红色情境"，切身感受宁乡先辈们在纵横激荡的革命岁月中蕴藏的民族精神与特质。

三、凸显红色文化，引领价值认同方向

"价值"在哲学中指客体对于主体的积极作用。价值认同则是社会成员在长期共同活动中形成的对某种价值观念的认可和接受程度。一个国家能否形成普遍认同和接受的价值观念关系本民族的生存与发展。社会主义核心价值观是提升民族和人民精神境界的思想引领、价值导向、行动向导。

宁乡地域特色文化资源与社会主义核心价值观同向同行，一脉相承，在培育社会主义核心价值观方面具有极强的说服力。中学生正处于形成价值判断、做出价值选择的关键时期，教师将宁乡地域特色文化资源融入政治课堂，用好素材营造真情境，更易于激起学生的学习兴趣、情感共鸣，引发其深度思考，进而影响他们的价值判断，增强他们的价值认同，规范他们的日常行为。实践出真知，丰

富的宁乡地域特色文化资源为实践教学提供了多样化场所，教师可将宁乡当地的地域特色文化资源进行整合，建立社会实践教学基地，让学生在实践研学中更加直观地感受红色精神，充分发挥宁乡红色文化资源的育人功效，使社会主义核心价值观更好地落地生根。

宁乡地域特色文化资源以真人、真事、真物为载体，最贴近宁乡学生生活，是最生动真实的学习材料，也是值得充分挖掘的优质资源。教师可以利用社会实践活动，组织学生前往何叔衡故居、刘少奇故居、炭子冲学校、谢觉哉故居、惠同廊桥、云山学校、何南薰墓、宁乡战役抗战阵亡烈士塔、周光彝墓、姜梦周墓、甘泗淇故居、宁华桥、洪行将军碑刻、陈敦和墓、红桃山抗战遗址等红色文物保护单位，让学生在实践环境中直观感受宁乡先辈们如何叔衡、刘少奇等人创建民主、富强之国家的艰难险阻，体会宁乡人民司法制度的奠基者谢觉哉追求自由、平等、公正、法治的实践历程，学习共产党人周光召爱国、敬业的高尚品格，在耳濡目染中增强对红色精神的价值认同，强化对国家的情感认同。

第二节　地域特色文化资源的教学功能

《新时代学校思想政治理论课改革创新实施方案》指出，初中阶段重在打牢学生的思想基础。红色精神对于正在树立人生观、价值观、世界观"三观"的初中生来说有着思想引领、道德教育、价值导向、精神激励等教育功能。[①] 让学生接受红色精神的洗礼，保有一方清澈的心田。

一、实现教育目的的一致性

中学思政课程是扣好人生的第一粒扣子的重要一环，内化红色精神品质于心，才能将其外化于日常学习生活中。

我国的教育目的是培养全面发展的社会主义现代化建设者与接班人。德育是灵魂与统帅，思政课承担着"立德树人"的重要任务。红色精神的熏陶有利于提高学生道德修养、培养学生道德评价与自我教育能力、培育学生核心素养——政

---

① 吴志清，芮鸿岩. 习近平青年教育观引领中学思政课教学探究［J］. 中学政治教学参考，2021（7）：81-83.

治认同中的政党认同。红色精神融入初中道德与法治实践教学与为党育人、为国育才的教育目的具有一致性。

二、补充教学形式的多样性

教学形式在一定程度上影响着思政课的教学效果。中学思政课存在着教学形式单一的问题。以教师讲、学生听为主的满堂灌课堂比比皆是，学生参与度不足，主体性地位没有得到保障，主观能动性没有被最大程度发挥，课堂没有让学生深度思考等，导致很长一段时间师生对于思政课产生了"刻板印象"。随着统编教材的下发以及课程改革的推进，许多一线教师研究教材开发、不断创新教学形式、进行教学实践，努力打破思政课的"刻板印象"，力图打造具有亲和力的、生动的思政课堂。

把思政课搬到红色景点，学生学习兴趣浓厚。学生的好奇心会激发他们自主探究、自发地对某个感兴趣的点进行探讨。在实践教学中，学生成为真正的发现者，教师承担引导者的角色，适时指导、点拨、总结，打破了"一言堂"的教学形式。红色景点的一字一句、一图一景都以隐性课程的方式润物细无声地浸润着每一个学生的心灵，并且每个学生都在根据自己已有的知识基础与生活经验"生长"出新的知识，完善自己的知识构建。

在实践教学中弘扬红色精神、厚植情怀于心的教学丰富了思政课的教学形式。

三、丰富教学资源的鲜活性

红色精神丰富的载体，为其融入思政课教学提供了形式多样的教学资源。

实践教学是对教学过程进行多样化探索、通过多种方式实现教学目标的一种教学方式。如学生在刘少奇纪念馆寻找他们感兴趣的体现了少奇爷爷身上精神品质的故事，能充分调动学生学习内驱力、增添思政课的吸引力、发挥学生主体性作用。

习近平总书记提出"小载体、大教育""小切口、大主题"的基本理念。当地红色景点为红色精神融入思政教学提供了一个丰富而真实的载体。探索不同方法和路径的实践教学思政课，符合习近平总书记提出的要坚持统一性与多样性相统一，因地制宜、因时制宜的要求。① 走出课堂、因地制宜结合当地地域特色文化资源传承红色精神，让学生从小耳熟能详的人物、故事再次在青少年的内心绽放光芒，潜移默化、润物无声地对学生的思想进行洗涤。

红色情结流动在民族的血脉里，遗传在民族基因中，"红色崇拜"绵延中华民族几千年。我们所要推进课堂的红色文化，是指在革命战争年代，由中国共产党人、先进分子和人民群众共同创造并极具中国特色的先进文化，蕴含着丰富的革命精神和厚重的历史文化内涵。

它是注入了时代内涵的中华民族精神，是井冈山精神、长征精神、延安精神，也是大庆精神、雷锋精神、"两弹一星"精神、创业精神、青藏铁路精神、抗击"非典"精神、抗洪精神、抗震救灾精神、北京奥运精神、航天精神、抗疫精神。

它是中国民众对革命精神、党的优良传统、红色经典的当代追求、怀念和传承，也是有革命先辈在革命斗争中印记的博物馆、展览陈列馆、纪念场所、烈士陵园、历史遗址等物质文化。

红色文化凝聚着中国共产党领导人民在站起来、富起来、强起来的伟大斗争中所具有的坚定信念、卓越智慧和强大勇气，坚定理想信念，进行不屈不挠斗争，是红色文化的灵魂。

---

① 陈宝生. 以党史学习教育为契机，推动新发展阶段铸魂育人走深走实［J］. 上海教育，2021（10）：1.

第三章　宁乡市域特色文化资源融入中学思政课堂的现状与问题

2022年8月16日，中共中央办公厅、国务院办公厅印发《"十四五"文化发展规划》强调："文化是国家和民族之魂，也是国家治理之魂。没有社会主义文化繁荣发展，就没有社会主义现代化。"习近平总书记对传承红色文化高度重视，强调"要用心用情用力保护好、管理好、运用好红色资源"，"增强表现力、传播力、影响力，生动传播红色文化"。[①] 这是新时代文化建设的重要任务。宁乡教师在将市域特色文化资源融入中学思政课堂方面，进行了一些有益的探索，取得了一些成绩。

第一节　宁乡市域特色文化资源融入中学思政课堂的现状

目前，宁乡各部门、各学校越来越关注地域特色文化资源的教化育人价值，积极开展了各项思想政治课程创新改革工作，不断重视红色文化资源的挖掘整理和融入课程工作。各学校依据新课改要求，相继开展了丰富多彩的红色文化教育活动，从教学内容、课堂模式、教学方法、评价标准等层面对思想政治课程进行了创新优化，使思想政治育人成效有了一定的提升。

一、资源收集初见成效

"巧妇难为无米之炊。"对本地地域特色文化资源的收集和整理，是宁乡市域

---

① 李兴文，姚子云，袁慧晶，等. 习近平总书记关切事丨运用好红色资源　传播好红色文化［N］. 新华社，2022-06-30.

特色文化资源融入中学思政课堂的重要前提和基础。近年来，特别是借建党百周年的历史契机，课题组对本市地域特色文化资源的收集和整理取得初步成绩，编入本书的地域特色文化资源，便是其成绩的体现。另外，课题组收集了《刘少奇选集》、《刘少奇真情实录》、《谢觉哉文集》、《谢觉哉家书》、《中国共产党宁乡简史》（湖南人民出版社 2011 年版）、《红色沙田》、《流沙河人民革命先烈》（影视资料）、《何叔衡》、《刘少奇》、《走出炭子冲》、《沩水春秋》等红色史料，供师生学习使用。

二、资源融入意识增强

习近平总书记也一直强调要赓续红色血脉，传承红色基因，这对广大思政教师重视和利用地域红色资源起到了指引作用，教师的红色资源利用意识增强，能较为积极主动地把地域红色资源融入课堂教育教学中。宁乡市域面积广，各地的地域特色文化资源，尤其是红色资源丰富，在市域红色资源的利用上也呈现出"就近取材"的地域特色。东南片区花明楼、道林、大屯营等地学校，比较注重前共和国主席刘少奇红色资源的开发利用；西部片区沙田、巷子口、龙田等地学校，比较重视"宁乡四髯"，尤其是何叔衡、谢觉哉红色资源的开发利用；东部片区夏铎铺、回龙铺等地学校，比较重视青年毛泽东宁乡游学路和陶峙岳将军红色资源的开发利用，宁乡一中近年对周光召先生与"两弹一星"精神的开发和利用比较深入。

三、资源融入目标明确

市域地域特色文化资源，尤其是红色资源同样具有鲜明的中国特色、中国气派和中国风格，既是重要的政治思想资源，更是宝贵的教育教学资源，对青少年正确三观的形成具有积极的导向作用。中学思政教师贯彻立德树人的根本任务，紧紧围绕着"培养什么样的人、怎么培养人、为谁培养人"的根本问题，将市域地域特色文化资源与中学思政课程深度融合，丰富课程资源，落实核心素养，提高教学的针对性、实效性和感染力，赓续红色血脉，传承红色基因，培养学生正确的价值观，坚定其理想信念，厚植爱国情怀。

四、资源融入形式多样

宁乡市开展了"红色资源融入中学思政课堂"的教学竞赛活动，举办了"有风景的思政课"活动，将课堂搬进了红色教育基地。各校根据自身所处的位置合理利用红色资源。如宁乡四中利用刘少奇故居开展相应的团员宣誓及党员教师活动，宁乡十中利用何叔衡故居、谢觉哉故居、惠同廊桥，组织学生研学，重踏伟人的足迹。各所学校将红色资源、伟人精神融入了班团活动、黑板报活动、国旗下讲话，潜移默化滋养学生心灵，培养学生家国情怀。城北梅花中学充分挖掘本校宁党支部成立的历史，将其作为学校思政课堂的重要内容，引导全校师生"知宁党、说宁党、唱宁党、学宁党"，着力打造红色教育品牌。宁乡创新开展"五课堂"建设，其中就有"小红花"思政课堂，深入开展理想信念教育，传承红色基因。

第二节　宁乡市域特色文化资源融入中学思政课堂存在的主要问题

从理论和本质上讲，全国各地在革命、建设、改革开放和新时代中国特色社会主义现代化建设各个历史时期形成的地域特色文化资源，都是党领导人民在马克思主义和建党精神指引下，在践行初心和使命的伟大实践中所涌现出来的优秀人物、先进事迹和纪念地纪念物等。但在中学教材体系中，由于篇幅的局限性，不可能把各地的地域特色文化资源，尤其是红色资源都植入教材，不可避免出现"选择性"淡忘当地红色资源的情况。总体来看，资源的使用效率低，问题不少。

一、资源收集整理有待加强

尽管教师对市域地域特色文化资源，尤其是红色资源的教育意义和价值的认识在加深，融入课程教育教学的自觉性也在增强，但就整体而言，教师的资源利用意识仍有待增强。不少教育工作者因为怕麻烦，疲于寻找合适的地域特色文化资源融入课程教育教学当中，习惯于用自己惯有的方式或者已有的课件，疲于改变或者创新。因为地域特色文化资源融入思政课程的难度较大，切入点不好把握，所以部分教育工作者有畏难情绪；少数农村地区师资缺乏、资源缺乏，教学设备单一，使得部分教育工作者无心思也无时间投入其中。

教师应用地域特色文化资源意识淡薄，忽视地域特色文化资源与课程的融合。师资力量是促进宁乡地域特色文化资源有效融入中学思政课的关键因素。由于缺乏必要的顶层设计，中学对于宁乡地域特色文化资源融入中学思政课程存在着认识不清晰、重视度不够等问题。部分教师片面认为，宁乡红色文化资源育人只是为了完成意识形态建设的任务，开发和利用红色文化资源也只是党在宣传层面的宏观布局，革命英雄事迹和革命精神已经脱离了时代发展主题，对学生的教育意义不大。部分教师只关注专业课程知识的讲授，轻视红色文化资源育人的重要性。还有老师认为，在新时代背景下，红色文化资源已经过时了，没必要过多重视。

部分中学生对宁乡地域特色文化资源内涵认识片面，缺乏认同感。随着时代的发展，思想政治教育工作面临着新的考验。一方面，当前国际形势正经历着巨大的变革，各种国际势力互相激荡，一些西方社会思潮深深地影响着当代中学生正确"三观"的形成，身心发展还不成熟的中学生容易受到负面思想的影响，认为地域红色文化资源是老旧的、过时的、无趣的，甚至出现了偏离红色文化正确方向的现象。另一方面，由于时空的限制，学生没有亲身经历革命战争年代，与红色文化资源之间存在着"时空"壁垒，对地域特色文化资源内涵的理解不够深刻，无法真切体会革命先辈的革命精神，因此对地域特色文化资源重视不够，兴趣不浓。

目前，市域特色文化资源的收集主要集中在新民主主义革命时期、社会主义建设时期，其后历史时期的收集较少。对已收集的地域特色文化资源，还缺少系统的整理和分类，尤其是针对中学思政教材内容和特点进行"对号入座"的分类工作还没有系统开展，导致市域特色文化资源融入中学思政教材还带有零散、随意的特点。同时，提到宁乡市域特色文化资源，一般就是何叔衡、谢觉哉和刘少奇，对其他资源知之甚少。正是由于部分教育工作者本身就对宁乡已有的地域特色文化资源缺乏系统的了解和认识，在市域特色文化资源融入中学思政课程的赛课中，教师对地域特色文化资源的选择重复度很高。

二、课堂教学方法有待改进

从一线教师的课堂教学情况来看，有很多方面亟待改进。

1. 教学内容与教材内容联系不够紧密

教师没有对地域特色文化资源与教材内容的契合度进行深入的探讨，在将案例、事迹、人物插入课堂时，往往会出现与教材中的知识点关系不太紧密的情况，导致学生很难理解其中的深刻含义，从而影响了教学预期效果的发挥。

2. 教学方式方法单一

当前，思政课的教师没有采用灵活的授课方式，多以讲述教材内容为主，没有巧妙发挥学生的主观能动性。同时，"一言堂"的教学模式使学生养成了"拿来主义"的思维模式，这对学生通过宁乡红色文化历史来了解社会发展趋势、树立理想信念带来了极大的阻碍。

3. 教学内容陈旧

在宁乡的地域特色文化资源文化中，案例和人物事件都是年代久远的，如果老师不能抹去过去的灰尘，把它所蕴含的内涵和当代的情况结合起来，就会使学生产生一种文化距离感，使学生失去对红色文化与思政知识的学习兴趣。

4. 教学平台不完善

地域特色文化资源融入思政课教学，除了要重视课堂教学外，还应打通课前、课中、课后各渠道，为师生搭建有效的学习交流平台。但由于人力、物力、财力所限，短时期内搭建有效平台的任务较难实现，为此须充分利用现有渠道开展教学研究工作。

中学教师在课堂中对宁乡地域特色文化资源的开发利用局限于表面开发，重视量的增长，却忽视了质的提升、内涵的挖掘，忽视了地域特色文化资源与课程内容的融合，这种简单的移植资源，会导致地域特色文化资源中蕴含的丰厚的教育价值难以发挥其实际功效，使教育效果大打折扣。很多教师在进行课堂教学时仅仅将目光聚焦于教材，只是在课堂教学内容中加入了红色文化案例，并没有关注学生是否能够真正接受并从中受益，不利于广大中学生在思政课的教学过程中汲取宁乡红色文化精神的营养。

近年来，随着教育教学和评价机制改革的不断深化，各界对学生核心素养养成的要求越来越高。而不少老师在思政课程的教学过程中，更多的是资源的堆积和基本概念的强行灌输，缺少"有血有肉""有骨架有灵魂"的价值引领、同频共振，让学生不能够明白学习的意义，对课堂失去兴趣。这一结果的产生，主要是因为教学目标不够明晰。比如，老师在融入地域特色文化资源这一部分教学中，仅仅只是向同学们讲述了红色历史事迹，不能够引导同学们从理想、信念和价值观等方面进行理解和思考。这一传统的教学方法，严重阻碍了地域特色文化资源融入中学政治生活课程的教学效果。

三、应试教育倾向过于严重

思想政治在对学生的综合素质考核中占据较大比重，不少学校为了提高学生学习成绩，提高升学率，仍主要采用传统的教学方式，让学生死记硬背，强行灌输，意欲在考试中拔得头筹。这种应试教育倾向在教育的发展过程中并没因新课程理念的实施而弱化减轻。由于地域特色文化资源的内容在学生测试试卷中占比较少，且学生的学习时间又十分紧张，故老师和同学们都认为学习地域特色文化资源是浪费时间。所以往往在这一部分的教学中，只是简单带过，让学生进行课后了解。在紧张繁重的学业中，学生更将其抛诸脑后，市域地域特色文化资源所蕴含的精神价值和教育价值便失去了在学生心中"生根发芽"的机会和可能。

学校思政教育既要通过思政教育活动教育人、培养人，又要使受教育者主动、积极、乐于、善于参与教育活动。思政课必须解决好增强教育者的成就感、教育工作的实效与增强受教育者的兴趣、获得感相统一的问题。但目前宁乡市域特色文化资源融入中学思政课程普遍存在供给侧（教育）与需求侧（受教育）错位的现象。

在中学教材体系中，由于篇幅的局限性，不可能把各地的地域特色文化资源都植入教材。宁乡虽有厚重的地域特色文化资源，但编入现行统编版的思政教材、历史教材、语文教材的很少。地域特色文化资源的使用效率极低，现状不容乐观。例如，统编版的教材同质重复的课程和陈旧固化的内容忽略了不同学生群体基础的差异，不仅不利于受教育者自身知识结构和价值体系的构建，也难以引起学生的情感共鸣。

中学思政课堂教学必须使教师适应新形势、新要求，基于学生思想问题和教学内容体系开展对传统资源的更新、新型资源的开拓以及未知资源的发掘。促进宁乡地域特色文化资源与思政课的有机融合是增强中学思政课实效、拓展思政课内容的有益探索。

四、地域特色文化资源的利用融入度低

部分教育工作者对地域特色文化资源，尤其是红色资源的利用仅仅限于讲红色人物故事，或者简单插入几张伟人故居的图片，抑或是带学生参观博物馆，并没有深入挖掘人物精神内涵，难以使学生产生共情心理，没能真正震撼到学生。这样的课堂就呈现出只有形式没有内容的状态，使得红色资源没能发挥其真正效用，反而会让学生对红色资源融入思政课程产生偏见进而排斥。

教学方法作为教师与学生进行有效沟通的桥梁和纽带，直接影响教学效果。因此，教师在将宁乡红色资源应用于中学思想政治课时，需要根据教学内容恰当选择教学方法。反观当前宁乡中学思政课教学方法的应用，仍有部分教师不能做到与时俱进，存在方法单一化的问题。

目前，宁乡中学红色文化资源育人大多倾向于理论教育，在课堂教学中，虽然不断丰富和改进了教学方法，创新了教学媒介，但大多还是囿于传统教育形式，引入红色资源的方式单一，未能突出学生的主体地位。教师主导灌输式教育降低了思政课的趣味性、针对性，减少了其亲和力和感染力。从目前宁乡地域特色文化资源尤其是红色资源融入思政课的形式来看，也仅仅是融进了课堂，上课依然是教师"满堂灌"，学生参与度不够，学生的主动性、积极性未被真正调动起来。

当前宁乡利用红色文化育人大多仍是通过看革命题材影片、到红色资源地参观游览、清明祭扫烈士墓、听报告等一些比较传统的形式展开，这些表面上看似多样的红色文化教育形式，实际上却走着几乎完全一样的路子，教育途径形式缺乏创新。年复一年总是这些形式翻来倒去，相同或类似的内容看了一遍又一遍、听了一次又一次，难免会使教育对象产生厌烦抵触情绪，使本应起到积极引导效果的红色文化教育转变成流于形式的灌输性教育，直接影响了教育效果。就育人的渠道而言，当前思想政治教育的形式比较单一，倾向于传统的单向式的宏大述事，缺乏人文关怀和贴近生活的互动交流。

五、引领力度有待加强

目前，对宁乡市域红色资源融入中学课程研究，虽然得到了市教育部门的高度重视，但还是停留在活动层面，没有从党建、组织和学术研究层面对融入工作进行顶层设计和建立保障落实机制。同时，作为学校和教师，对宁乡市域特色文化资源融入思政课程仍主要停留在宣传和课堂教学层面，没有进行深入的研究和探索。加强教育科研引领，建立长效机制，依然任重道远。

第四章

宁乡市域特色文化资源融入中学思政课堂的策略

如果没有深厚的乡土情怀，缺乏把市域特色文化资源尤其是红色资源代代传承的思想自觉和行动自觉，要在思政课程中融入本市红色资源是不可能的，因为教师有现成的思政教材和教学参考书，照本宣科即可。课题组为提高中学思政教师把本市红色资源融入课程的自觉性，就融入的策略开展了积极的探索与研究。

第一节　充分挖掘地域特色文化资源素材的教育功能

教学素材在课堂教学中起着至关重要的作用，地域特色文化资源尤其是红色资源融入思政课堂是点睛之笔，而融入能不能做到合理、自然、恰到好处，关键在于思政老师对素材的解读。

以何叔衡同志的素材为例，纵观何叔衡同志的一生，他在各个年龄阶段的先进事迹可以广泛地运用于多个课题的教学。比如，本是清朝一名秀才的何叔衡，敢于突破封建思想的桎梏，学习新思想，投身新革命，可以解读出他具有批判性精神以及创新意识。从他以 37 岁"高龄"考入湖南公立第四师范（后并入湖南一师）这一事例，可以解读出学生要学会学习，树立终身学习的理念。他在湖南第一师范学习时，与毛泽东等进步青年成为"忘年交"，从此踏上革命征程，可以解读出学生要广交益友。中央苏区时的何叔衡身兼数职，对待各项工作尽职尽责，身上随时背着布袋子、手电筒和记事簿这"三件宝"，可以解读出承担责任要不计代价与回报，要增强责任意识。司法是捍卫社会公平正义的最后一道防线，而当时作为中央工农检察部部长兼临时最高法庭主席的何叔衡，对玩忽职守、贪污腐化等问题深恶痛绝，他提议"中央政府要立即对那些对上级命令、国家法律疏忽懈怠的行为和一些贪污腐化分子给予严厉打击"，并不畏强权，依法惩治各类违法犯罪行为，被苏区老百姓亲切地称呼为"何青天"，可以解读出何叔衡以实际行动捍卫司法公正，维护社会的公平正义，让学生在学习与交流中能潜移默化地树立法治观、增强正义感。他作为一名共产党员，始终坚持为党的革命事业无私奉献，并最终践行了"为苏维埃流尽最后一滴血"的铮铮誓言，可以解读出中国共产党员为中国人民谋幸福、为中华民族谋复兴的初心和使命。

在整合红色文化资源的过程中，教师必须立足地域特色文化资源尤其是红色资源的原材料，通过深入挖掘与进一步加工，将其作为教学素材融入课堂教学的各个环节，有效发挥红色资源的作用。

一、整合地域特色文化资源尤其是红色资源，丰富教学素材

例如在讲《凝聚价值追求》一课时，在讲解民族精神时，首先让学生展开小组讨论，让学生介绍刘少奇、朱剑凡、何叔衡、谢觉哉的事例，说一说他们的精神品质，从而归纳出，英雄伟人具备的精神中贯穿始终的主题——爱国主义，进一步让学生总结出中华民族精神的内涵和价值。其次提问引导学生是否只有在英雄伟人身上才可以看到民族精神的品质呢？宁乡精神镌刻在宁乡人骨子里、烙印在宁乡人灵魂上，生生不息、世代传承。那么宁乡英雄伟人及普通劳动者对待国家、对待人民群众、对待工作的态度对我们传承和弘扬民族精神有何启示？从宁乡伟人的精神过渡到宁乡普通的劳动者，联系学生生活的实际，探讨我们如何去传承和弘扬民族精神，在课堂中学生既了解了红色文化，也对民族精神有了深刻的认识。

二、立足地域特色文化资源尤其是红色资源，创新课堂教学

在教学过程中，科学合理的课堂结构对完成教学目标起着重要作用，教师可以利用教学设计与教学手段，将教学构思实化为教学过程。在中学思政的教学实践中，需要教师在理解地域特色文化资源尤其是红色资源内容的基础上掌握其背后的深刻内涵，并将地域特色文化资源尤其是红色资源融入课堂环节，在恰当的教学时机利用合适的教学手段，使教材内容可以与红色资源有机结合，潜移默化地将红色资源传授给学生，从而提高课堂教学质量与教学效率。

以课堂教学的导入环节为例，教师可以在课堂导入中融入本地红色资源。这有利于创设教学情境，营造符合初中生心理特点的课堂氛围。在课堂导入的过程中，能否吸引学生的注意力、引导学生跟随教师的思维理解课堂主题，对课堂教学质量有着重要影响，富有感染力的课堂导入环节有利于调动学生的学习积极

性。将红色资源融入课堂导入环节，不仅可以使课堂教学内涵更加丰富，还可以激发学生的爱国情感，让学生在导入环节增强对革命英雄的敬佩感，感受到责任感与使命感。

以《做负责任的人》这一课的实践教学为例，教师可以在课堂导入环节展示何叔衡相关照片，尤其是何叔衡以身殉党，至死不屈，实践了"我要为苏维埃流尽最后一滴血"的誓言的相关历史背景资料，为学生播放视频和图片素材，使其迅速进入课堂，引导学生了解何叔衡的红色故事，开展小组讨论，让学生发表自己的看法，理解承担责任应不言回报与代价，我承担我无悔，做负责任的人。

在"家的意味"的课堂讨论中，可以利用谢觉哉"常求有利于别人，不求有利于自己"，"起得早来眠得晚，能多做事即心安"的红色家风家教事例，让学生感悟中国家庭文化中深厚的意味和丰富的内涵，从而引导学生去践行孝亲敬长的中华传统美德和履行法定义务，增强学生责任意识的同时增进亲子关系。

除此之外，在中学思政的教学实践中，教师可将翻转课堂与地域特色文化资源尤其是红色资源相结合，为学生布置学习党史与时代故事的学习任务，引导学生主动积极地学习红色文化，并且以自己的理解弘扬红色精神。对了解的故事可以进行剧本的编写，进行情景剧的演出，或者举办地域特色文化资源尤其是红色资源知识手抄报等活动，发挥学生在课堂中的主体作用，将教材理论知识联系到地域特色文化资源尤其是红色资源实践教学中去。

三、拓展地域特色文化资源尤其是红色资源，深入教学实践

在中学思政的教学中融入地域特色文化资源尤其是红色资源不仅需要利用课堂教学，同时也应重视课下教学实践拓展，通过开展多样化的地域特色文化资源尤其是红色资源教学实践活动，激发学生的爱国情怀。教师可以带领学生在地域特色文化资源尤其是红色资源场地领略红色文化内涵，使学生通过亲身实践深刻理解地域特色文化资源尤其是红色资源的重要价值。

清明节，教师可以引导学生组成实践活动小组，去刘少奇故居等宁乡市红色场馆开展扫墓活动。在周末或者节假日可以开展小组实践活动，去革命纪念馆或者博物馆参观。除此之外，教师可以借助学校团委开展"从小学党史，永远跟党走"的演讲比赛、"喜迎二十大，放歌向未来"红色歌曲歌唱比赛等。在实践活动结束后，教师可以为学生布置征文作业，由此将地域特色文化资源尤其是红色资源由课堂延伸至课外，不仅可以提高学生的学习积极性，还有利于学生深刻理解红色历史。

第二节　创设生动的教学情境

习近平总书记说："思政课不仅应该在课堂上讲，也应该在社会生活中来讲。"思想政治课要想感染人、打动人，就必须保证思想的品质。毫无疑问，思政课是要讲政治的，思政课教学必须引导学生从政治上看问题，坚定政治信念，明确政治方向，站稳政治立场。

要想把政治讲得理直气壮，讲得直抵人心，做到政治性和学理性相统一，并不是一件容易的事。思政课本身是有思想的大学问，有智慧的大课堂，需要以思想的方式讲政治。有思想的思政课能让学生洞察说法背后所蕴含的想法和方法，领会道理中所蕴含的真理和情理，以思想的逻辑撞击心灵，才能透过熟知领悟真知，才会有醍醐灌顶和豁然开朗的感觉。讲解传授给学生思想不能单纯运用"灌输式"教学，那变成了对学生进行说教，强迫他们接受，这样的教学效果和德育效果必然不理想。所以，我们必须灵活选用各类资源辅助教学。而地域特色文化资源尤其是红色资源就是思政课堂教学优秀的资源之一。运用地域特色文化资源尤其是红色资源，创设教学情境，能够带动课堂活力，营造氛围，以情化人，也能培育和激发出学生的爱国情感。

创设教学情境就是要使课堂教学在不脱离教学目标的基础上更贴近学生实际，增强学生对课堂内所引用的材料的感知与理解。县域地域特色文化资源尤其是红色资源融入思政课堂更要重视对教学情境的用心创设。

一、用具象化的资料创设情境

抽象的思政概念，要通过载体使其具象化，让学生看得见、听得见、感受得到。在运用刘少奇同志的素材中，教师可以充分利用网络，在学习强国 App、宁视界公众号等平台广泛搜集有关刘少奇同志的视频、图片等资源，并利用剪映、爱剪辑等软件结合教学内容进行编辑，在课堂上利用现代多媒体设备让学生全面了解他坚持国家利益至上、献身革命事业的一生。在有条件的学校，教师可以利用课余时间带领学生去刘少奇同志的故居参观学习。学习其事迹，领略其精神，更能让学生深切感到必须身体力行地发扬党的优良革命传统，发愤图强，努力学习，当好社会主义的建设者和接班人。通过红色教育资源把学生带入革命情境中。通过这种实践方式使学生对头脑中的思政课理论知识进行深刻的再认识和再建构，这对"思想道德与法治"课实践教学模式来说具有一定的开创性。①

二、用当事人面临的抉择创设情境

在教学《不言代价与回报》这一课时，教师运用了 2021 年被评为"全国优秀党务工作者"的宁乡市大成桥鹊山村书记陈剑的素材。一开场，教师就创设了这样一个情境：

有这样一个人，他是市值千万的园林建筑公司的老总，事业顺风顺水，蒸蒸日上。可是这一年，刚好碰上了他们村里党支部书记换届选举。父老乡亲们希望他能参加选举，可是他的家人和朋友却极其反对。

前任村支书说："担任村委，你会有更多的机会参与村部管理，使你的能力得到施展，并且为我们村带来福利。这对每个人来说都是宝贵的人生体验。"

有老乡说："你放心，我们几个会帮你拉选票。选上村委以后，我们有什么事情，你可得多关照关照呀！"

妻子说："负责村委工作，会占用你大部分的时间，对我们的家庭会造成影响。本来你的时间就不多，何必凑这个热闹？"

朋友说："负责村委工作会减少你的收入，可能会让某些群众感到不满意。作为村委，你得坚持原则，办事公道，但有的群众可能不会理解和支持你，甚至还会抱怨。对于这些，你能承受吗？"

教师组织学生分组讨论陈剑该如何抉择。在这一教学设计中，设计者并没有将地域特色文化资源尤其是红色资源当成是一种形式，而是真正做到了将地域特色文化资源尤其是红色资源作为一种手段，与学生的生活联系在一起，让学生在选择责任的时候认识到不言代价与回报的可贵，让学生在了解陈剑的事迹之后，对其肃然起敬，以此深化学生的情感态度。

三、通过研学旅行创设情境

除在学校讲授外，应让学生亲身体验这些宝贵资源中蕴含的红色文化基因。正所谓"读万卷书，行万里路"，研学旅行是将学校教育与校外教育相衔接的创新形式，也是培养学生核心素养的重要方式。在构思研学旅行时，可以根据学生

---

① 郭晓亮. 区域红色教育资源融入思政课实践教学探析：以"思想道德与法治"课为例 [J]. 辽宁工业大学学报（社会科学版），2021，23（6）：140-142.

的年龄特征、现有学习基础等设计多种户外活动，使其在活动中真正得到红色革命文化的熏陶。宁乡市红色研学旅行教学设计案例如下表所示：

宁乡市红色研学旅行教学设计案例

时间安排	活动地点	教学设计
第一天上午	宁乡市花明楼刘少奇故居	刘少奇故居是全国爱国主义教育基地。刘少奇是我国工人运动的主要领导者和组织者之一，是中华人民共和国开国元勋，是以毛泽东同志为核心的党的第一代中央领导集体的重要成员。教师可以在刘少奇纪念馆中跟学生重点介绍这位伟大革命家的生平及高尚品质。同时，可以考虑采取故事会的形式，让学生提前搜集刘少奇的相关事迹，再跟同学们做介绍。学生在看、听、说的过程中深入了解这位伟人以及我国的革命文化。
第一天下午	云山书院	云山书院——"宁乡革命的摇篮"，是湖南省级文物保护单位，被誉为"宁乡新文化运动的中心"。在云山书院，教师可以采取情景剧的形式，让学生在书院内尝试通过历史剧"还原"何叔衡、姜梦周、谢觉哉、王凌波等在此读书任教并从事革命活动的场景。
第二天上午	何叔衡故居	何叔衡是伟大的无产阶级革命家，是中共一大代表、中国共产党创始人之一。教师可以提前搜集伟人故事并向学生讲述，重点介绍何叔衡的铮铮誓言——"我要为苏维埃流尽最后一滴血"，以及愿意与先进青年为伍，投身于革命的实践精神。
第二天下午	谢觉哉故居	在研学途中，教师可以重点介绍谢觉哉的一生，尤其是不谋私利、不图虚名，廉洁奉公、艰苦朴素，实事求是，数十年如一日甘做人民公仆的精神。

当前，红色研学旅行正蓬勃发展，但要开展好研学旅行还有着诸多困难。如走马观花式的研学导致教育效果不佳，地域特色文化资源尤其是红色资源整合利用不当等，这些问题阻碍了红色研学旅行的科学持续发展。因此，应在合理整合宁乡市红色文化资源的基础上，深入挖掘其内涵，创新研学形式，根据学生的特征进行教学设计，从而更好地发挥红色研学旅行的教育价值。

| 第三节　不断创新教学形式 |

要将宁乡地方历史文化和红色文化有机结合，融入我们平时的教育教学活动。赓续宁乡红色基因，还可以通过创新教学方式来落实。

一、体验式教学

宁乡市域特色文化资源尤其是红色资源非常丰富，且很有特色，有待我们教师在教育教学中去渗透、去解读。但我们的教育教学对象，大部分从小生活条件优越，对于课程中的很多内容既没有亲身经历，又体会不深，且他们正处于人生观、世界观、价值观初步形成时期，自我意识强烈，分析判断能力比较欠缺，易排斥空洞的理论说教。体验式教学能弥补这些缺陷。体验式教学是指通过一些特定场景的情境创设，让学生亲身经历、亲自动手实践去感知、领悟知识。在教育教学中，我们可以通过体验式教学融入我们宁乡本土文化和红色资源。如在学习商周文化时，自然离不开我们宁乡出土的"四羊方尊"，我们可以采用现场体验式教学，让学生通过看文物、听讲解、模拟体验制作过程等方法来了解宁乡出土的国宝文物对我国商周历史研究所做的贡献；在学习我国抗日战争历史时，我们可以带领学生去宁乡爱国主义教育基地——宁乡八一山公园，进行参观、扫墓、宣誓等活动，了解70多年前，宁乡人民在杜家山上那场轰轰烈烈的抗日战斗，缅怀在抗日战争中牺牲的抗战烈士。2022年10月，党的二十大胜利召开。我们在学习二十大会议精神时，为让学生理解在党的领导下农村日新月异的变化，可以带领学生到宁乡的新农村走一走，到沩山去体验擂茶的制作过程，到双江口稻花香实践基地去体验农耕的快乐，到道林去感受古镇的魅力，到沩水河、香山冲去体会"绿水青山就是金山银山"的生态发展理念。

二、叙事式教学

习总书记曾经指出，要讲好党的故事、革命的故事、根据地的故事、英雄和烈士的故事，加强革命传统教育、爱国主义教育和青少年思想道德教育，要把先辈们的英雄故事讲给年青一代听，激励人们坚定不移跟党走，为实现美好生活而奋斗。叙事教学法可以根据教学目标和教学内容，把宁乡红色故事融入教学过程，从而提升学生的兴奋感，增强授课时效性。我们可以通过讲述"刘九书柜""刘少奇在家乡的44天"等故事，了解我们宁乡伟人刘少奇主席的光辉事迹；通过讲述"宁乡四髯"的故事，了解以何叔衡、谢觉哉、姜梦周、王凌波为首的革命人士，为宁乡革命事业英勇斗争、顽强拼搏做出的巨大贡献：他们是宁乡人民革命斗争的星空中最闪亮的星星。通过讲述"两弹一星"功勋奖章获得者周光召的事迹，激励青少年儿童向院士学习，树立从小爱科学，长大用科学技术造福人类的远大理想。通过鲜活的红色故事、翔实的事例来传承红色基因。

三、嵌入式教学

嵌入式教学法能够给予教育教学更多的生命力。运用嵌入式教学法将地方红色精神作为专题贯穿于学习活动中，为学习赋予更大的生命力。为充分利用好宁乡红色文化资源，丰富我们的教育教学，我们可以采取讲座和专题报告等形式，解读和诠释宁乡红色文化精神。如邀请宁乡抗战老兵来校讲述抗战故事，让孩子们牢记抗战历史，传承抗战精神；邀请校外辅导员来校作宁乡红色文化的专题报告；还可以将宁乡花明楼刘少奇故居、夏铎铺石仑关、沙田何叔衡故居等红色文化景区作为学生假期思政实践地点，让学生担任志愿讲解员，为群众解读宁乡红色精神。

四、线上线下结合教学

新媒体对道德与法治课教师而言是机遇也是挑战。道德与法治课教师要充分发挥信息技术手段的优势，破除传统教学中存在的多方面困境，实现信息技术与传统课堂的融合。教育教学中，通过与教育技术企业合作，为教师提供教学辅助手段支持，包括智能化课堂教学辅助 App 使用、微视频制作、智慧课堂、宁乡红色文化视频学习资源库建设等，提高了教师运用信息化手段上好道德与法治课的能力。道德与法治课教师还应以课程内容为出发点，引导学生收集宁乡地方红色文化资源，指导学生利用微视频的艺术形式，自编、自导、自主制作相关微视频，用镜头记录身边的榜样人物或英雄人物，记录宁乡红色遗址遗迹的保护修复情况，记录现实生活，在课堂上进行展示。通过线上线下相结合，提升教学的实效性，助力课程建设。

无论是穿越千年的青铜文化还是承载着不朽精神力量的宁乡红色印记，都闪烁着前人的智慧，展现出古今的华丽篇章。作为传播宁乡红色文化的新时代教师，我们要多渠道、多方法挖掘宁乡红色文化，讲好宁乡红色故事，弘扬社会主义核心价值观，教育好新一代青少年传承传统文化，延续红色基因，让信仰之火熊熊不熄，循着先人足迹，凝聚奋进力量，开创更好未来。

中学思政课程是立德树人的关键课程，思政老师要带着真感情去将地域特色文化资源尤其是红色资源融入课堂。对地域红色资源和思政教材要认真钻研，要做好融入工作，只有对二者认真学习钻研，才能找到融入的契合点，做到"无缝"对接；否则，就会出现二者"貌合神离"的问题。在研究过程中，有的教师"为引入而引入""为议题而议题"，没有对教材和红色资源进行认真的学习和钻研，不仅达不到预期的效果，还会给人"油浮水上"之感。思政教师们只有真正用心、用情，才会让我们的课堂充满亮点，从而点燃学生心中的信念。为此，课题组要求思政教师要加强学习，增强对烈士事迹的熟悉感与认同感，这样才能更好地将这份感觉传递给学生。当今时代，网络是我们获取信息的重要来源，但相关的文本阅读、实地考察等方式也绝不可丢弃。课题组要求思政老师，要用心阅读人民出版社出版的《初心——红色书信品读》《英烈初心》以及萧三所作的《毛泽东同志的青少年时代和初期革命活动》等书籍，这样对何叔衡同志的了解才会更深入、更全面；要充满感情地去何叔衡同志故居（湖南省宁乡市）、中共一大会址（上海市和浙江省嘉兴市南湖区）、烈士牺牲处（福建省长汀县）等地走一走，给学生讲故事时才会更有底气，更有说服力。有效利用红色资源，并将其融入教育和教学，不但能够发扬先辈的伟大精神，还能帮助现代人树立正确的思想观、价值观和历史观。①

要以教师的真情引领学生的真情。在研究的过程中，有的教师全身心投入到课堂中，以自己对红色资源价值的认知与课堂目标价值引领深度融合，带动学生和听课教师、评委同频共振，产生了震撼心灵的教育效果；而有的教师，从语言到行动，从教学过程到价值的构建与达成方面，都显得"干瘪"，看不到真情和自信。

课题组的所有老师都应在"奋斗百年路，启航新征程"的视域下和学生一起深挖地域特色文化资源尤其是红色资源的历史和现实价值；站在"中国共产党为什么能、中国特色社会主义为什么好、马克思主义为什么行"的高度来和学生一起深刻领悟地域特色文化资源尤其是红色资源所蕴含的真理的力量；从青少年要厚植爱国情、坚定强国志、笃定报国行的现实需要出发来深刻理解红色资源中所

---

① 万炳月. 红色资源转化为教育教学资源的路径探索 [J]. 牡丹江教育学院学报，2021（11）：116-118.

蕴含的家国情怀和勇于奋斗牺牲的精神价值；从今天的美好幸福生活来之不易的角度深挖地域红色资源的重要意义和价值。在研究当中，有不少老师巧用"今昔对比，天翻地覆"的方法，较好地诠释了革命先辈们奋斗流血牺牲的意义和价值。

红色资源中蕴含着中国共产党人干事业、追理想的原初力量。[①] 思政教师要将把地域红色资源融入思政课程作为自己义不容辞的责任和使命，以坚定的决心和坚强的意志，持之以恒地融地域红色资源于思政课程教育教学当中。

课题组在今后的研究中，要进一步研究宁乡市域红色资源深度融入中学思政课程的路径，采取更多的生动活泼、学生喜闻乐见的方式、方法；充分发挥课堂的主渠道作用，利用现代技术手段增强融入的灵活性、生动性、实效性；开展宁乡市域红色资源融入课堂的教学比赛，推动市域红色资源融入思政课堂的常态化发展。

---

① 喻学林，向慧芳. 红色文化、红色资源和红色基因三者关系及其研究价值论析 [J]. 红色文化学刊，2021（4）：96-102+112.

下编 案例篇

01 不言代价与回报

南雅蓝月谷学校 何思思

教材分析

课程标准对本课的要求是：知道责任的社会基础，体会承担责任的意义，懂得承担责任可能需要付出代价，努力做一个负责任的公民。

从结构来看，本节课是人教版《道德与法治》八年级上册第三单元第六课第二框题的内容，属于"勇担社会责任"的主题。它是在全面学习第一单元"走进社会生活"、第二单元"遵守社会规则"的基础上设计的，具有连贯性和统一性。这一课的学习也将为第四单元"维护国家利益"的学习做好良好的铺垫。

从内容来看，承担责任是新时代学生的必修课，它既是第一框题所讲内容的升华，也是本课内容的落脚点。"如何做一个负责任的人？"需要让学生先明白负责任会付出的东西和收获的东西，引导他们在责任面前作出正确的选择，这也是本课要探讨的问题。当学生对付出和收获有了明确分析后，就会明白哪些是自己该承担的责任，如果作出了选择，就应该义无反顾地承担。

本节课主要选择第一目"不言代价与回报"进行讲授。本目主要是从思想上引导学生认识到，承担责任要付出一定的代价，也会获得回报，我们要学会作出合理选择，一旦选择，就要承担起应负的责任。

本目主要表达了三层意思：

（1）承担责任会付出相应的代价，也会获得回报；

（2）要根据自身实际，作出合理的选择；

（3）一旦作出选择，就要对自己的选择负责。

学生分析

八年级学生的"成人意识""独立意识"较之七年级的孩子更为强烈，他们独立完成事情的能力更强，所应承担的责任更多。但在他们的认知中，"负责任"对他们来说更像是一个口号，在实际学习、生活中，他们是否能做到主动承担责任，还是不太乐观的。尤其是当他们受到社会上一些不良道德风气的影响时，就更难保持原本的纯真作出正确的选择了。基于以上情况，我们必须引导学生把个人成长成才与社会发展需要有机结合起来，培养良好的责任意识和奉献精神，做一个负责任的公民。

教学目标

1. 知识目标

懂得承担责任会得到回报，但同时也要付出一定的代价；明确我们一旦做出选择，就应该义无反顾地担当起应负的责任。

2. 能力目标

能够正确评估承担责任的代价和回报，作出最合理的选择，能为自己的选择负责。

3. 情感、态度与价值观目标

培养学生的责任意识，让学生有足够的勇气为自己的选择承担相应的责任；崇敬那些不言代价与回报而无私奉献的人，努力做一个负责任的人。

教学重点

明确承担责任有回报也有付出，同时做出正确选择。

教学难点

正确评估责任的代价与回报，有勇气承担自己选择的责任。

红色资源

红色人物：宁乡煤炭坝镇抗美援朝老兵张迪泉。

教学方法

问题教学法、讨论法、合作探究法。

一、导入新课（观视频，悟责任）

师：前段时间因为一部火热的电影《长津湖》，"抗美援朝""志愿军战士"又再一次深深刻在国人心中。70多年前，他们远赴异国他乡，打响了一场场保家卫国的正义战争，谱写了一曲曲感天动地的英雄赞歌！今天我们一同来认识其中的一位志愿军战士。

播放视频《老兵张迪泉：永不褪色的情怀》。

师：大家觉得视频中的张老是个怎样的人？

（学生回答）

教师过渡：这节课我们就一同走进我们宁乡的这位志愿军老兵张迪泉的故事，来学习《做负责任的人——不言代价与回报》（PPT展示课题、板书"责任"）。

二、讲授新课

（一）析访谈，品责任（思考）

教师陈述：现已鲐背之年的张老，回忆起往事依旧难以忘怀，面对"应召入伍之问"——你为什么要参军？当兵怕死吗？你舍得家里人吗？那何老师现在有个问题想请问同学们：当时上有老下有小才二十出头的张老入伍赴朝是正确的选择吗？

有同学说"正确"，有同学说"不正确"，那你们来给何老师讲一讲！

（学生活动）

教师总结：也很有道理！面对这样一件有争议的事情，张老坚定选择去了，选择了承担军人保家卫国的责任。他付出了什么？又收获了什么呢？

请同学们打开学案，看到今日宁乡《人物访谈》片段"张迪泉运送弹药之险"，咱们来找一找在片段中张老为了承担责任，付出了什么。

（学生活动）

教师总结：同学们看得很认真，捕捉关键信息的能力强。承担责任会感受到责任沉甸甸的分量，需要付出！是不是只有付出没有收获？看到访谈片段二。

（板书"代价""回报"）

（二）析访谈，品责任（讨论）

教师陈述：同学们的回答给了何老师启发！

小组讨论：我们生活中有没有这样的情况，只有付出没有回报或者不要付出就能马上得到回报？小组方式讨论1分钟，请代表回答。

（学生讨论回答、互相评价）

教师引导：大家如何看待这种人这些事情？这对我们的社会、国家有什么影响？

（学生活动）

教师总结：那么其实我们会发现，虽然我们在承担责任的时候付出了很多，得到的物质回报可能寥寥无几，但是其他的回报有没有？什么方面的？承担责任付出与回报并存。我们再一起看看凯旋后的张老！

（三）析访谈，品责任（选择）

播放教师制作的视频《一心为民　克己奉公》片段。

选择："复员回到家乡的张老，看到村集体落后，他想都没想就把退伍抚恤金250元中的240元捐给了村上的农业社，用于发展经济；但其实当时张老家庭很贫困。假如你是当时的张迪泉，你会如何选择？"

教师引导：咱们这样，你也会和张老一样作出同样选择的比个心，不太赞同的比个叉！遵从自己内心。

（学生活动）

教师总结：其实我们会发现，我们自己在面对选择承担责任的时候，是有能力有经验，运用自己的智慧去作出正确的评估，进而作出合理的选择的。一旦选择了我们应该怎么做？义无反顾地承担起应负的责任！当然了，回到最开始和大家讲的张老去不去当兵这个问题，去或不去，其实这个问题没有标准答案，都值得尊重！

展示张老保家卫国的英雄事迹和大公无私的精神鞭策并激励着他的后代和其他干部不断学习前进的资料。

那对大家有什么启发呢？

（四）学榜样，履责任

书写"责任卡"，谈谈你某个角色所承担的具体责任，为此所付出的和得到的回报，以及将来努力的方向。（如：在校学生、班干部、课代表等角色；在家儿孙、哥姐等角色；在社会公民等角色。）

（学生"责任卡"展台展示，张贴于黑板上）

教师引导：没有硝烟的和平年代，岁月静好，山河无恙，都是先辈们用血肉之躯换来的。同学们请记住：我们所站立的地方正是我们的中国，我们怎么样中国就怎么样！我们今天埋下责任的种子，不计代价与回报，用双手去呵护，用主动承担、提升素养去浇灌，生命的种子才会不断发芽，我们的国家才会更加繁荣昌盛！

三、巩固新课

1950 年他们正年轻。70 多年后的我们正年轻！

拓展作业：请课后观看纪录片《1950 年他们正年轻》，下节课进行观后分享——"红色少年说"专题。

教学反思

本节课以"看、听、想、讲、做"为主要逻辑结构，志愿军老兵张迪泉事例一例贯穿，师生互动频繁。学生的主观能动性充分彰显，面向全体又尊重学生差异，注重学生学习思维能力的培养。不过，课堂的小动和大动之间可增加一定的梯度并体现综合性。在选择环节，学生普遍把钱全部捐出去缺乏真实性，但因为时间原因老师没有加强引导，应该鼓励学生说真话，做真选择！

02　我的角色　我的责任

玉潭中学　陈　艳

教材分析

本节课是八年级上册第三单元第六课《责任与角色同在》的第一框题第一目。本课旨在引导学生明确自己的责任，增强责任意识，为后面学习"责任与使命"，正确认识和处理个人与集体的关系打下坚实的基础。

学生分析

八年级的学生正处于青春期，思维活跃，有一定分析问题、解决问题的能力。虽然较之七年级的学生成熟，但是对很多事情还是缺乏辨析的能力。特别是独生子女较多，考虑问题多从自己的角度出发，容易忽略他人的利益和感受。此外，也缺乏对自己不同角色应承担相应责任的清晰认识，在责任面前容易出现逃避的现象。因此，本课旨在引导学生明确自己的责任，增强责任意识。

教学目标

1. 知识目标

知道责任的含义和来源；懂得人因不同的社会身份而负有不同的责任。

2. 能力目标

能够分清责任的来源，并依据角色的转换而承担不同的责任。

3. 情感、态度与价值观目标

对自己的责任有明确的认识，增强责任意识。学习革命先烈精神，丰富家国情怀。

教学重点

责任与角色的关系。

教学难点

对自己的责任有明确的认识，增强责任意识。

红色资源

刘少奇心系人民，为忠诚信仰牺牲一切；2021 平凡英雄。

教学方法

问题教学法、情感体验、合作探究法。

教 学 过 程

一、导入新课

宁乡是一片红色沃土，在这片楚沩大地上，涌现了一大批革命英雄。其中有一个他，在中华民族最危急的时刻，率先扛起共产主义旗帜，为苦难深重的中国人民指明了前进的方向。让我们来猜猜，他是谁？

设计意图：通过猜猜他是谁活动，介绍刘少奇，激发学生参与热情。

二、讲授新课

（一）什么是责任

材料：刘少奇常说，人民给你多大权利，你就要负多大的责任。受命于危难之中，主席这一职位，意味着责任，带领全国人民过上幸福日子，是他的分内之事。

问题：由此可见，什么是责任？

教师小结：责任是一个人分内应该做的事。

（二）责任从何而来

教师过渡：在刘少奇身上，不仅有国的责任，还有家的责任。1925 年，时任全国总工会副委员的刘少奇，因为组织工人运动，刚经历了牢狱之灾，母亲担心他的安危，不远千里来求他放下工作，回家陪她。我们一起来感受这一场景。

视频：《母亲跪求刘少奇回家》

自古忠孝难两全，刘少奇带着对母亲的不舍和愧疚，送别了母亲，却没想到这次短暂相聚，竟是永别。从他说的话，我们可以感受到他具有高度的责任意识，那么他的责任是从何而来的呢？

问题1：他说"九满不孝"，因为他本应陪伴孝顺母亲，孝顺母亲为什么是他的责任呢？

问题2："我做的事是许过愿的"，许过愿就有责任履行承诺，这一责任来源于什么？

问题3：作为总工会副委员，"为百姓寻活路"是他的职责，这份责任来源于什么？

设计意图：带领学生分析刘少奇的家国责任，并思考这一责任从何而来。

教师小结：责任来自对他人的承诺、职业要求、道德规范、法律规定等。

（三）知角色明责任——责任与角色的关系

教师过渡：刘少奇少年时就立志要让人民吃饱饭，他用一生，践行了自己的承诺。

展示刘少奇经历。

问题1：刘少奇的身上扮演了哪些角色？相对应的责任是什么？

问题2：责任与角色有怎样的关系？

教师小结：在社会的舞台上，每个人都扮演着不同的角色，每一种角色都意味着承担相应的责任。

问题3：你在生活中扮演了哪些角色？

（四）学生活动：制作责任卡

（1）每组派一名代表上台抽一个角色任务，讨论列出所抽角色对应的责任有哪些。用不同颜色字迹表示本组成员是否都践行了这一责任。

学生上台展示，贴上墙。

（2）反思自己，你担责了吗？

（机动项，是否进行视情况而定）采访：是否承担本组责任卡里的责任，带来什么后果？

（五）勇担当——我的时代使命

教师过渡：有时，因为角色的冲突，我们没能担起自己全部的责任。如刘少奇为国家牺牲一切，甚至牺牲了家庭幸福。正是刘少奇等英雄烈士们用不屈的脊梁，勇担家国重任，才让一个历尽苦难的民族，最终屹立在世界的东方！如今，在我们身边，还有更多平凡英雄，在守护着我们的繁荣盛世。今天的岁月静好，离不开他们的负重前行。

（1）视频：《2021 平凡英雄》

（2）材料：广大青年要勇敢肩负起时代赋予的重任，志存高远，脚踏实地，努力在实现中华民族伟大复兴的中国梦的生动实践中放飞青春梦想。——习近平

总结：我的时代使命——实现中华民族伟大复兴的中国梦。

三、课堂小结

宣读青春誓言：不忘初心，牢记使命！为实现中国梦而奋斗！无愧今天的使命担当，不负明天的伟大梦想！请党放心，强国有我！请党放心，强国有我！

教学反思

结合学生的生活实际，注重知识的生成性，体现学生的课堂主体地位，注重学生的情感体验和升华。通过学生举手回答、接龙回答、上台展示和小组讨论几种方式进行，力争最大限度地调动学生参与课堂，扩大参与面，取得了预期的教学效果，但也存在组织教学能力还有待提升的问题。

我的角色　我的责任

长郡沩东中学　王　静

教材分析

"我的角色　我的责任"，主要有一目内容，涵盖两个知识点。

第一个知识点是责任的概念，重点分析责任的含义。教材的分析包括两个点。一是责任的含义：一个人分内应该做的事情。二是从不同角度引申出责任的来源：对他人的承诺、职业要求、道德规范以及法律规定。这两点是学生学习的重点。

第二个知识点是责任与角色的关系，主要是对学生进行正面教育。教材将不同人的不同角色承担有不同的责任，与学生个人承担的不同角色进行对比来引出主要的两个知识点。一是"每一种角色都意味着承担相应的责任"。二是"只有人人认识到自己扮演的角色、承担应尽的责任，才能构建各尽其能、各得其所而又和谐相处的社会"。教育学生作为社会的一员，要学会调节自己的角色，并承担相应的责任，为构建和谐、美好的社会贡献自己的力量。

学生分析

八年级的学生还未成年，日常生活大多是依靠父母的帮助与照顾，虽然可以做一些力所能及的事情，但是对自己所做的事情的责任以及重要性并不能理解。本课程从生活出发，通过整合日常生活中的角色以及对责任的讨论，结合教材，帮助学生明确自己的角色与具体的责任。

教学目标

1. 知识目标

知道责任的含义、来源；懂得人因不同的社会角色而负有不同的责任；知道要对自己负责。

2. 能力目标

能够分清责任的来源，并依据角色的转换而承担不同的责任；能够为自己负责，也能够为他人负责。

3. 情感、态度与价值观目标

培养学生的责任意识，增强学生的责任感；激发学生愿意为自己的行为负责，乐意对那些为社会负责的人心存感激的情感。

教学重点

（1）责任的含义和来源；
（2）我的角色与责任。

教学难点

角色与责任的关系。

红色资源

陶峙岳将军的负责任事迹。

教学方法

问题教学法、合作探究法。

教　学　过　程

一、新课导入

1. 视频导入

观看《长津湖》预告片，提问："这场仗如果我们不打我们的下一代就要打，是什么驱使志愿军誓死拼搏去赢得这场战争的胜利的呢？""责任。"

老师过渡：出示课题，板书课题"我的角色　我的责任"。

二、新课授课

板块一　走近英雄　感知责任

（1）老师导入：同样，在我们宁乡历经铺也有一位曾为我们的美好生活出生入死的大将军。请问同学们，你们知道他是谁吗？

学生：不知道！

老师：他就是——陶峙岳将军，宁乡历经铺街道火龙洲人。

（2）出示相关影视资料，观看短视频。

（3）用四个字概括陶将军的一生，并说出理由。

学生一：保家卫国（一生参加了许多战争，殊死拼搏）。

学生二：鞠躬尽瘁（九十岁高龄还在为国家服务，成为一名国家领导人）。

学生三：兢兢业业（为国家打了许多仗，六十岁还在为新疆的农业做贡献）。

学生四：尽职尽责（一生都在为人民和国家做贡献）。

老师过渡：好，如果要王老师用四个字来描述陶将军的一生，那就是——保家卫国。那老师想问，是什么驱使陶将军殊死拼搏，为人民、为国家奉献一生？请问陶将军的责任来自哪里呢？（由此引出下面的责任的来源分析）

探究新知

（1）引入：责任来自哪里呢？

责任的来源——情境连线题：来自对他人的承诺、职业要求、道德规范、法律规定等。

老师过渡：人的一生中会扮演许多不同的角色，每种角色都意味着要做相应的事情。请问同学们，陶峙岳将军经历了哪些角色？承担着哪些责任？你为什么认为这是他的责任呢？

1911年，陶峙岳考入武昌陆军第三中学堂深造。（学生：认真学习）

1937年，参加淞沪会战，坚守22天，誓死抗日。（军官：保家卫国）

1983年，他91岁，任第六届全国政协副主席。（国家领导人：为人民服务）

（2）老师提问（过渡）：由此推出责任的含义是？责任：一个人分内应该做的事情。

讨论：那么，老师就有一个疑问了，为什么在1937年的淞沪会战中，陶峙岳将军坚守22天，誓死抗日？而在1949年，陶将军又坚持不与解放军开战，并且不费一兵一卒，和平解放新疆呢？和同桌讨论40秒，请同学回答。

学生：1937年的淞沪会战是反对日本的侵略者，保卫国家和人民不被践踏、奴役，所以要誓死坚持到底。而1949年的新疆保卫战是对内战争，解放军是想着人民的，所以要爱护同胞，以和平的方式解放新疆。

老师总结：非常好，掌声！责任也就是说，要做好应该做的事情，不做不应该做的事情。

反推：如果一个人（陶峙岳将军）没有做好应该做的事情会有什么影响呢？

学生：上海人民遭受侵略者的欺凌，处于水深火热之中，备受煎熬。

老师总结：正确，有无数位像陶峙岳将军这样无私奉献的人，在为我们的成长和幸福承担着责任。他们有的离我们近，有的离我们远，有的我们甚至永远不知道他们的名字。感谢他们对我们今天美好、幸福生活的付出！而随着时代发展和所处环境的变化，今日的宁乡也不同往日了，让我们来看看今日的宁乡。

短片欣赏：《宁乡·小康》。

板块二　各尽其责　和谐宁乡

（1）老师提问：请问同学们，今天的宁乡美不美？

同学们：美！

老师接着问：请问同学们，你们生活在这样的洲水之间，感到幸福吗？

同学们：幸福！

（2）老师提问：那么，作为宁乡的一分子，我们城北的人在做什么呢？又承担了什么责任？请问没做好这些事情会有什么后果呢？

展示不同城北人不同类型活动的图片：（1）保安叔叔做秩序维护管理；（2）教师表彰活动；（3）家长参加学生暑假安全知识讲座；（4）医护人员为社区居民做核酸检测。

学生回答：

（1）保安叔叔做秩序维护管理。如果保安叔叔没有做好应该做的工作，校园的秩序无法得到保障，学生就无法安全地学习。

（2）教师表彰活动。如果教师没有做好教书工作，学生就无法学到真正的知识，走入社会也无法立足。

（3）家长参加学生暑假安全知识讲座。家长如果没有做好育儿、护儿工作，孩子的成长就会得不到保护，无法安全、快乐地成长。

（4）医护人员为社区居民做核酸检测。医护人员如果没有履行救死扶伤的职责，人民的病痛就无法得到及时救治，身体健康得不到保障，就不能好好地生活。

老师总结，引出知识点：认识角色、承担责任有何重要意义？

在社会生活的舞台上，每个人都扮演着不同的角色。每一种角色都意味着承担相应的责任。

三、活动

作为城北的一员，我们可以承担哪些角色、责任？为什么？

活动要求：做好讨论记录（在家里、在学校、在商场、在社会、在网络空间……）。两组同学代表上台发言，一组同学代表评论。

时间分配：2分钟讨论，1分钟发言。

学生1：在家里，我要成为一个好儿子，孝敬父母。在学校，我要成为一名好学生，认真学习，报效祖国。在商场，我要当文明的消费者，遵守社会规则，自觉排队付款。在社会，我要成为遵纪守法的好公民，为祖国大好河山奋斗。

学生2：如果我们没有当好子女，父母就得不到照顾，父母老无所依，人们的道德层次下降，社会就不安宁。在学校，一个学生没有做到学生应该做的事情就会学不到知识，走出学校就无法好好在社会上立足。在商场，消费者没有做到消费者应该做的事情，商场的秩序无法得到保障，没有良好的消费环境，商场会因此遭受经济损失，同时消费者的购物权益也无法得到保障。在网络空间，如果网民不遵守网络规则，网络空间安全无法得到保障，人们的信息可能会被盗取，遭受损失。

老师总结：

同学们说得非常好！只有人人认识到自己扮演的角色并承担应尽的责任，才能构建各尽其能、各得其所而又和谐相处的社会，我们才能共享更加幸福美好的生活。愿我们的责任之花在我们的和谐社会常开，让我们做一个负责任的人。（板书）

老师过渡：

同学们说得非常好，既然同学们道理都懂，就请同学们齐践行，争当一个负责任的人——"我承担，我践行"。请为身边负责任的榜样做一件你力所能及的事情，并配文分享到你的微信朋友圈。

同学们，我们网络空间见！

教学反思

在教学中，我基本上做到了以学生为主导，以学生发展为本，引导学生积极主动参与到教学中来，激发学生的学习兴趣，师生在教学中平等交流、共同探讨问题，取得了预期的教学效果，但也存在部分同学探讨、回答问题不太积极等不足之处。

04 中国人的家

横市芙蓉学校　邓玲利

教材分析

"中国人的家"这一目，有三方面的内容。

其一，中国人心目中的家。教材以"探究与分享"活动展现"中国春运"这一独一无二的"回家潮"现象，引导学生体会其背后流淌的是最具有中国味的浓浓亲情。

其二，孝亲敬长。通过"探究与分享"活动，展开对我国传统文化中的家规、家训、家风的探讨，让学生了解我国家庭的传统美德，尤其了解孝亲敬长的美德。通过"相关链接"让学生了解孝亲敬长不仅仅是道德领域对人的要求，国家从法律层面也有规定，孝亲敬长是当代公民必须履行的家庭义务。我们作为新时代的公民，对此应该更加重视，在生活中努力做一个孝亲敬长的人。

其三，尽孝在当下。通过"方法与技能"让学生掌握一些具体的孝亲敬长的技巧和方法，把美德教育和法治教育内化为学生的心灵需求，内化为学生的自我教育：这是该部分课程设计的理念和目标所在。

在"拓展空间"栏目中，以中华文化中"家"的意义为主题，通过探究活动，寻找文字背后的深意。

学生分析

当代学生在日常生活中易忽视家中的亲情，出现"爱的碰撞"，不知如何孝敬父母。通过本堂课的学习引导学生体会亲情，感悟家庭温暖，了解中国人的家，用自己的行动诠释亲情之爱。

教学目标

1. 知识目标

知道孝亲敬长是中华民族的传统美德，也是法定义务。

2. 能力目标

提高传承中华家庭文化传统美德的能力，增强孝亲敬长的行动力。

3. 情感、态度与价值观目标

体会中国人的"家"的独特意味；认同中华文化中"孝"的价值观念，养成热爱父母、孝敬父母的意识。

教学重点

尽孝在当下，增强孝亲敬长的行动力。

教学难点

尽孝在当下，增强孝亲敬长的行动力。

红色资源

谢觉哉儿子谢飞的有关采访视频，谢觉哉文章《爱父母》。

教学方法

问题教学法、体验教学法、讨论法、合作探究法。

一、导入新课

同学们好，我是来自横市芙蓉学校的邓玲利老师。横市芙蓉学校的前身是近代宁乡新文化运动的中心——云山书院，这里走出了像何叔衡、谢觉哉这样的无产阶级革命家。现在，老师将带你们去认识曾在云山书院执教多年的"宁乡四髯"之一谢觉哉先生，了解《谢觉哉家书》中的家风家教。让我们一起来看视

频。(播放谢觉哉儿子谢飞的有关采访视频)

学好真本事，做有用的人，做有意义的工作，做一个有作为的人：这是谢觉哉家的家风。今天就让我们一起走进"中国人的家"，请大家翻开课本第 73 页（板书：家）。

二、讲授新课

（一）分享家风故事

每个人家中肯定都有着自己的家风。你家的家风是什么呢？现在，让我们一起来走进易雨菲的家中，了解易氏家风。（学生上台介绍自家家风，配图片资料）

从易雨菲的介绍中，我们可以知道，她家的家风中，最重要的内容是什么？（孝亲敬长，板书：孝）

（二）家风中的"孝"文化

"孝"是中国传统家风中最重要的内涵，红色革命家谢觉哉在《爱父母》一文中，这样说道（课件出示，师生齐读）："侍奉老人不是封建，不是资产阶级思想，而是人类的美德，是共产主义社会崇高的美德。"

从谢老的话中我们可以知道，孝亲敬长是一种美德。的确，孝亲敬长是中华民族的传统美德，同时，"常回家看看"也写进了法律。

这也是每个中国公民的法定义务。（生答）

（三）如何孝亲敬长

可是，在与家人相处的过程中，总会遇到一些小矛盾。我们一起来收看城北新闻带来的有关家庭矛盾的报道。

在这个新闻中，记者向我们提出了一个问题，嘉怡和妈妈的这一场矛盾应该怎样才能避免呢？同学们，你们有什么好方法？不妨讨论一下，待会儿请同学进行分享。

（讨论，生回答）

总结：（1）尊重父母：不冲父母吼；（2）互相倾听：母女之间相互沟通；（3）感恩父母：认真学习，做家务。

哇！同学们给嘉怡出了很多主意，嘉怡听了会作何感想呢？来，我们有请嘉怡。（学生回答）

总结：如嘉怡所说，我们可以从尊重父母、倾听父母、感恩父母三个方面入手孝亲敬长。如此，我们的家庭才会更加温馨美好。

（四）尽孝在当下

可是有些同学会说，我还小，能做什么呢？可以长大了再孝敬父母啊。同学们，你们在长大，父母却在变老。

（播放视频）

别让等待成为遗憾，尽孝在当下，爱也在当下。老师想采访一下同学们，你们爱自己的父母吗？那你们最近一年有没有向他们说过"我爱你"呢？

那今天有一个表达爱的机会，有没有同学敢于尝试一下。

（请生上台打电话）

为这位同学的勇敢鼓掌。他与父母进行了真诚的沟通，用行动表达了爱，同时也收获了妈妈对她的爱。而老师也了解到同学们在家里也会用行动践行对父母的"爱"与"孝"，为同学们点个赞。（停留几秒，课件出示提前收集的图片）

三、结课

别让等待成为遗憾，父母经不起等待。谢觉哉儿子谢飞接受记者采访时，这样说道：

我与父亲年龄相差大，因而父亲在世时，不曾了解过熟悉又"陌生"的父亲。

我到七十二岁，才开始真正"尽孝"。我在父亲留下的文字中努力去读懂他的人生、思想，了解父辈们的足迹与悲欢。这些，促使我开始编辑这本《谢觉哉家书》。

时光匆匆，一晃父亲去世已经四十三年了。真是应了那句歌词："时间都去哪儿了？"

同学们，树欲静而风不止，子欲养而亲不待。希望我们都不要像谢飞一样因等待而让爱成了遗憾。即使我们与父母发生过小矛盾，即使我们对父母有过不理解，但这并不能阻碍我们爱彼此。所以，记得回家将你们对父母的爱大声说出来。

教学反思

在教学中，我创新教学手段，引导学生积极主动参与到教学中来，激发学生的学习兴趣，师生在教学中平等交流、共同探讨问题，取得了预期的教学效果，但也存在课堂节奏不够紧凑，部分学生情感升华未达到预期效果等问题。

05 高扬民族精神

紫金中学　梁丽珍

教材分析

　　"高扬民族精神"是九年级上册第五课第二框第一目的内容，主要是从民族精神的意义与价值出发，让学生理解民族精神的内涵，进而自觉传承和弘扬民族精神。指出伟大的民族精神始终是中华民族生生不息、发展壮大的强大精神支柱，是维系我国各族人民世世代代团结奋斗的牢固精神纽带，是激励中华儿女为实现中国梦而奋斗的不竭精神动力。

学生分析

　　九年级的学生具备了一定的辨别是非的能力，他们自我意识觉醒，开始独立思考，处于人生观、价值观和世界观形成的关键阶段。积极培养学生对社会和国家的文化认同是思政课的主要目标之一，同时也要培养学生对党和国家的政治认同，把民族精神融入日常生活中。

教学目标

　　1. 知识与技能

　　理解民族精神的内涵，了解民族精神的重要价值。

　　2. 过程与方法

　　培育和弘扬民族精神，提高理解民族精神的能力。

　　3. 情感态度与价值观

　　弘扬中华民族精神，树立民族自信心和自豪感。

教学重点

理解民族精神的内涵，了解民族精神的重要价值。

教学难点

弘扬中华民族精神，树立民族自信心和自豪感。

红色资源

宁乡籍开国上将陶峙岳将军及其生平事迹。

教学方法

讲授法、讨论法、合作学习法。

教　学　过　程

一、导入新课

师：同学们，我们历经铺街道新建了一个公园，你们知道吗？（播放楼台山公园图片）

楼台山上有一座将军亭（图片），此亭为纪念陶峙岳将军而建。今天我们一起来了解陶峙岳将军，学习"高扬民族精神"。（播放视频《陶峙岳》）

二、讲授新课

第一篇章　悟精神　明智慧

过渡：让我们继续深入了解陶峙岳将军，学习他的主要事迹。

1. 和平解放新疆

1949年10月中旬，陶峙岳下令公布了《告全疆将士书》，号召官兵整肃纪律，保境安民。文告指出：新疆的军事、地理、民族关系有其特殊性，只有坚持走和平道路，才不会导致"十万军队盲目的牺牲和地方秩序的紊乱，人民流离失所乃至引起民族仇杀"。他"保全国家的元气，拯救了人民，保护了袍泽"，为和平解放新疆，维护祖国统一、民族团结和新中国的建立做出了重大贡献。

2. 屯垦戍边

中共中央、中央人民政府发出了《关于 1950 年军队参加生产建设工作的指示》，陶峙岳挥笔写下 16 个大字——"铁臂银锄，屯垦戈壁；雄心壮志，挥汗荒原"，激励官兵以革命英雄主义和乐观主义对待困难，在荒原上创造奇迹。经过一年的辛勤劳动，第二十二兵团垦荒 23 万亩，超额完成军区布置的任务，当年就基本实现了蔬菜、肉食和粮食的自给。

思考：上述事迹展现了怎样的民族精神？（学生回答）

老师总结：在五千多年的发展历程中，中国人民形成了以爱国主义为核心的团结统一、爱好和平、勤劳勇敢、自强不息的伟大民族精神，这就是我们的民族精神。

第二篇章　颂精神　筑价值

过渡：英雄的功勋永垂不朽！为了纪念陶峙岳将军，长沙市楹联家协会现在为将军亭征集楹联一副。老师来到了将军亭。

视频：老师到将军亭所拍视频。

要求：契合红色主题，展现历史人物，体现民族精神；单边字数 9 个字以内。

学生活动：写对联（5 分钟，小组合作）。

展示：老师展示现场所写对联。

老师小结：感谢同学们的分享。是的，伟大民族精神是中华民族生生不息、发展壮大的强大精神支柱，是维系我国各族人民世世代代团结奋斗的牢固精神纽带，是激励中华儿女为实现中国梦而奋斗的不竭精神动力。

054

第三篇章　扬精神　永赓续

过渡：陶峙岳将军 90 岁才加入中国共产党，他激动地说："伟哉我党，追随幸有缘。"爱党、爱国是红色的，它永远是最耀眼的底色。

赓续红色血脉，弘扬民族精神，青少年责无旁贷。我们可以从以下几个方面来努力：

在家里：

在学校：

在社会上：

结语：少年强则国强，少年有志则国振兴。同学们，让我们高扬民族精神，肩负使命，做民族复兴的合格建设者和可靠接班人！

三、板书设计

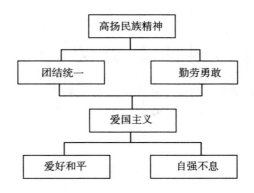

教学反思

1. 课堂条理清晰，顺畅，衔接得当。

2. 由于前面部分讲授过快，学生未能充分了解人物事迹，对写对联带来了一定的困难。

3. 对联展示环节所有小组共同展示，造成课堂秩序混乱，没有达到展示效果。我在这方面还缺少教学机智，需要根据课堂、学生不断调整，不断提高自己的课堂调控能力。

4. 就内容而言，局限于文本的条条框框，没有提升。还要更加注重引导学生对民族精神的理解和认同，从而培养学生的民族自豪感。

感受生命的意义

龙田镇七里山初级中学　刘　向

教材分析

《感受生命的意义》依据的课程标准是"成长中的我"中的"自尊自强"。具体对应的内容标准是："认识自己生命的独特性，珍爱生命，能够进行基本的自救自护。""体会生命的价值，认识到实现人生意义应该从日常生活的点滴做起。"

本课通过让学生认识并了解夏尺冰烈士，思考"人活着是为了什么"，引发学生对生命意义的探索。然后通过对"学习烈士，敢于牺牲，壮烈的人生才是值得的"与"自食其力，乐于助人，平凡的人生也是值得的"的辩论，引发学生思考"怎样的一生是值得的"。本课时内容是感受生命的意义，帮助学生去发现和创造自己生命的意义。

学生分析

初中阶段是学生形成人生观、价值观的重要时期。七年级学生的心理正处在半幼稚、半成熟阶段。他们已经具备了一定的情感体验能力和独立思维能力，对生命世界有了一定的了解。一方面，他们意识到生命的存在；另一方面，他们又比较缺乏对生命领域的探索和思考。所以，围绕生命话题展开活动，能有效地唤醒学生内心深处对生命的心理体验，帮助其平稳地度过青春期，并学会珍爱自己与他人的生命，建立积极健康的人生观、世界观，从而达到教学目标。

教学目标

1. 知识目标

懂得探索生命意义的重要性；懂得生命是独特的，生命的意义是具体的，明晰自己生命的意义。

2. 能力目标

能够辨析什么样的人生是有意义的，增强选择过有意义的生活的能力。

3. 情感、态度与价值观

感受生命的丰富和美好，体会生命的价值；愿意去探索和创造自己生命的意义。

教学重点

明晰生命的意义。

教学难点

能够辨析什么样的人生是有意义的。

红色资源

夏尺冰烈士。

教学方法

问题教学法、讨论法、合作探究法。

教 学 过 程

一、导入新课

教师自我介绍，重点介绍来自望城。提问学生：提起望城人，你们还会想到谁？

请学生说一说雷锋。

教师过渡：雷锋离开我们都已经半个世纪了，为什么今天我们仍然纪念他、学习他？

教师引导：雷锋将有限的生命投入到无限的为人民服务中去，绽放了他生命灿烂之花，也让我们跨越时空还能感受到他生命厚重的意义。

在宁乡这片热土上，在我们的身边，有没有似雷锋这样的人呢？

答案提示：刘少奇、何叔衡、谢觉哉、学生身边的特别人物……

二、讲授新课

（一）人为什么活着?

教师过渡：同学们真的有好好观察和感受生活，答案如此丰富多彩。今天老师也带来了另一个人的故事。他是谁呢?

活动一：对话夏尺冰

朗读材料，思考问题：了解夏尺冰烈士26年的人生，理解并分析他都在为什么而活。

结合时间轴，分四个阶段来阐述。

1905—1920年，先丧母后丧父，为活着而活着。

1920—1927年，先求学后参军，为学习进步思想/为自身进步成长。

1927年—1931年4月24日，为党的事业积极四处奔走。

1931年4月24日—1931年5月16日，为共产主义奉献生命。

讨论：人为什么活着? 每个人都会有不一样的答案。你的答案是什么?

答案提示：为了学习并成长，为了家人，为了自己的理想和未来，为了国家复兴……

教师总结：感受生活的丰富多彩、探索世界的无穷奥秘当然是我们活着的意义，但有些人活着是为了让生命更有意义。

（二）怎样的一生是值得的?

教师过渡：基于先辈们的奉献与牺牲，我们出生并成长在繁荣的和平年代。那么，当下的我们应该选择怎样的人生才是值得的呢?

活动二：学生辩论

（1）学习烈士，敢于牺牲，壮烈的人生才是值得的。

（2）自食其力，乐于助人，平凡的人生也是值得的。

教师引导：每个人的生命或人生不仅关乎自己，也关乎他人，更关乎社会、民族和国家。

（1）为自己：能够活出自己的人生，自食其力，实现自我价值，这样的一生是值得的。

（2）为他人：当别人需要帮助时，付出自己的爱心，无论大小，自愿承担责任，这样的一生是值得的。

（3）为社会：将个人理想和国家发展、民族复兴和人类命运结合起来，这样的一生是值得的。

教师总结：不管个人的选择是怎样的，漫长的人生是有无尽的可能的。只要我们秉持这几个原则，就可以创造每个人独特的生命的意义。

三、巩固新课

接下来让我们一起通过设计思维导图来巩固今天所学知识。

人为什么活着？		怎样的一生是值得的？
生活丰富多彩	生命的追问	为自己
生命无穷奥秘		为他人
有意义地活着		为社会

教学反思

在教学过程中，教学设计合理，各步骤清晰，基本上做到了以学生为主导，让学生成为课堂上学习的主体，引导学生积极主动参与到教学各环节中来，通过有效活动设计激发学生的学习兴趣，师生在教学中平等交流、共同探讨问题，取得了预期的教学效果，但也存在学生自主思考和学习时间紧张等不足之处。要充分鼓励和肯定学生自主产出，学生容易理解的知识点教师尽量不重复，把时间放在引导学生攻克难点上。

捍卫国家利益

沙田初级中学　彭慧敏

教材分析

本框"坚持国家利益至上"承接第一框"国家好　大家才会好"的内容，分析了维护国家利益意识的方法，引导学生客观地分析我国国家利益所面临的挑战，辨别损害国家利益的行为，在提高个人素质的基础上捍卫国家利益，增强国家荣誉感和使命感。

学生分析

八年级的学生已经具备了一定的社会责任感，但由于涉世尚浅，尚不能辨别何为损害国家利益的行为，还意识不到维护国家利益的重要性，不知道该如何捍卫国家利益。这节课，就需要教师对学生进行重点引导。

教学目标

1. 知识目标

知道为了国家利益要放弃甚至牺牲个人利益。

2. 能力目标

正确处理国家利益与个人利益的关系。

3. 情感、态度与价值观目标

敢于同损害国家利益的行为作斗争，有奉献精神。

教学重点

如何捍卫国家利益。

教学难点

为了国家利益，有时需要放弃个人利益。

红色资源

何叔衡"苏区包公""为苏维埃流尽最后一滴血"的故事。

教学方法

合作探究法、讲授法、活动法、情境体验法。

一、导入新课

这是习近平总书记在第十三届全国人民代表大会第一次会议上的讲话："中国人民有坚定的意志、充分的信心、足够的能力挫败一切分裂国家的活动！"作为中国公民，我们有意志、信心和能力来维护我国的利益。那么我们又该如何来捍卫我们国家的利益呢？这就是今天我们要学习的内容——《捍卫国家利益》。

二、讲授新课

（介绍何叔衡生平）

何叔衡，湖南宁乡沙田人，中共一大代表，中国共产党创始人之一，100 位为新中国成立做出突出贡献的英雄模范人物之一。

（合作探究）"苏区包公"

何叔衡反腐肃贪，疾恶如仇。在中央苏区，何叔衡纠正了一大批冤假错案。1932 年 5 月，有人向何叔衡举报瑞金县委组织部部长陈景魁滥用职权，向群众索要财物，利用地痞流氓欺压群众。何叔衡亲自带人到实地进行调查，了解到陈景魁拉拢、交结一伙赌徒、恶棍，经常在一起强摊款物，对不服从者施以打击报复等恶劣行为。在调查结束后，何叔衡收到一封装有子弹的恐吓信。此时，有人劝说何叔衡："陈景魁的事情，你最好睁一只眼闭一只眼。他有一帮黑势力，上面还有人维护，你处置了他，小心上面的领导对你有意见。"何叔衡却镇定地回答说:"共产党人生来就是与黑势力作斗争的！这帮恶棍若不除掉，民众何以安？国家何以强？"最终，何叔衡处决了陈景魁，而他自己也因为触犯了"左"倾领导人的利益，被"左"倾领导者撤职。之后，何叔衡仍然忍辱负重，继续积极地捍卫国家和人民的利益，尽心为党工作，直到生命的最后一刻。

思考：

（1）在调查结束后，何叔衡遇到了什么麻烦？

（2）面对别人的劝说，何叔衡是怎么做的？

（3）当国家利益与个人利益发生冲突时，我们应该怎么做？

总结：

捍卫国家利益，应当着眼长远、顾全大局，以国家利益为重，把国家利益放在第一位，捍卫国家的尊严，坚决同一切损害国家尊严的行为作斗争。

过渡：

反腐肃贪，疾恶如仇，是何叔衡在中央苏区时的故事。我们现在再一起来看一下何叔衡在长征时期发生的故事。在看视频的过程中，老师希望同学们能够带着一个问题来观看。那就是面对敌人的追捕，何叔衡做出了怎样的选择？为什么？

（播放视频《何叔衡跳崖的故事》）

思考：面对敌人的追捕，何叔衡做出了怎样的选择？为什么？

总结：

捍卫国家利益，有时不仅需要放弃个人利益，甚至要献出自己的生命。

过渡：

在我们的生活中，还有很多像何叔衡这样用自己的青春和生命来捍卫国家利益的人。这是2021年暑假，宁乡全民做核酸检测时拍摄的照片。照片中有白衣天使，有维持秩序的社区工作人员，有疏导交通的交警，有顶着烈日等待做检测的宁乡人民。

（活动："全民抗疫，我能做"）

当疫情出现时，全民抗疫，每个人都用自己的行动在抗击疫情，捍卫我们的国家利益。那么作为祖国未来的我们，在疫情当中，能为国家利益做出什么贡献呢？请同学们在便利贴上写下自己的想法，稍后请人来分享。

三、巩固新课

由学生总结本节课所学内容，构建"知识树"。

教学反思

　　本节内容抽象中蕴含着具体，通过具体的事例，引导学生了解熟悉抽象的内容，使学生易于理解。留给学生足够的时间，使之对具体事例与教材理论之间形成联系。教学内容的唯一不意味着学生回答的唯一，要力争学生能够较好地理解教材内容，从而形成个人的价值观念。

08 做负责任的人

灰汤镇洞庭桥中学　王　庆

教材分析

课程标准：知道责任的社会基础，体会承担责任的意义，懂得承担责任可能需要付出代价，知道不承担责任的后果，努力做一个负责任的公民。

本节课是人教版《道德与法治》八年级上册第三单元第六课第二框题的内容。承担责任是新时代学生的必修课，它是第六课的落脚点，也是对第一框题所讲理论的升华。具体分析"如何做一个负责任的人"，要求学生通过本课时的学习将负责任转化为有效的行为，增强责任意识。

学生分析

八年级学生的"成人意识""独立意识"较七年级的孩子更为强烈。他们独立完成事情的能力更强，所应承担的责任更多，但他们更易受社会不良道德风气的影响，在负责任的时候容易做"语言的巨人，行动的矮子"。

针对学生学习生活中责任意识不强、负责任行动不力等问题，提高学生对负责任意义的认识。通过引导，使学生懂得负责任不是仅仅停留在口头上，而是可以从小事开始逐步培养的。

教学目标

1. 知识目标

通过对革命战士事例的分享交流，明确承担责任的意义。

2. 能力目标

从自身出发分析并交流，寻找身边勇担责任的人或事，以此勉励自己做负责任的人。

3. 情感、态度与价值观目标

对勇于担当责任的人心怀感激之情，并努力向他们学习；能够自觉履行对自己、对他人、对社会和国家的责任，无怨无悔。

教学重点

用心感悟责任，并积极践行责任。

教学难点

由革命烈士的责任担当传承至新时代接班人的身上，作为一名学生应该如何学习英雄，勇担责任呢？

红色资源

灰汤籍红色革命家"宁乡四髯"之一王凌波的革命担当。

教学方法

问题教学法、讨论法、合作探究法。

教学过程

一、导入新课

1. 播放伴奏音乐，猜一猜这是什么歌

《没有共产党就没有新中国》

没有千万个共产党员就没有伟大的共产党，老师今天从灰汤给同学们带来了一个红色革命家王凌波的故事。

2. 材料展示王凌波人物介绍

从他身份的转变到人生理想的转变，都诠释了一名共产党员的责任与担当。

二、新课教授

1. 视频播放王凌波的革命事迹

说一说你最欣赏王凌波哪种精神品质。

师分享：感受最深的是王凌波在狱中所说的那句"留得青山在，胜利最后是我们的"。不管面对多么艰苦的情况，他都始终对党的革命事业充满坚定的信心。

学生分享。

师总结：从同学们的答案中，我们可以深刻感受到王凌波有着许多让人敬佩的优秀品质，这也得益于他对党和人民的高度责任感。生为华夏儿女，他承担了保家卫国的责任；作为一名共产党员，他承担了敢为人先的责任。

2. 展示习近平总书记语录

青年兴则国家兴，青年强则国家强。

青年一代有理想、有担当，国家就有前途，民族就有希望。

紧跟时代砥砺前行，担当责任奋发有为，是我国青年的光荣传统，也是党和人民对广大青年的殷切期望。

师：2021 年是中国共产党成立一百周年。一百年前，正是因为有许多如王凌波一般的人物带领中国人民冲破黑暗走向光明，才有今日之中国。先烈虽逝，但精神永存。一个时代有一个时代的精神，一代人肩负着一代人的责任。在时代的进程中，也有许许多多的平凡人肩负起了不平凡的责任。

3. 学生交流并分享

分享你身边勇于担当责任的人或事，并说一说你会怎样做一个负责任的人。

4. 播放视频，升华情感

播放习近平主席寄语湖南学子的视频。

5. 感悟责任，践行责任

全体同学进行责任宣誓，深化责任情感，增强践行责任的决心。

三、课后作业

书写我的"责任卡"。

谈谈你的个人理想，并思考自身在学校生活、家庭生活、社会生活中具体的担当，鞭策自己努力做一个负责任的人。

教学反思

　　本教学设计旨在引导学生从红色革命家王凌波的身上感受到责任的意义，并积极践行责任，在自己的生活中勇担责任。基本上做到了以学生为主导，以学生发展为本，引导学生积极主动参与到教学中来，激发学生的学习兴趣，师生在教学中平等交流、共同探讨问题。但是也存在衔接不是很流畅，课堂形式比较单一，红色资源没有充分融入课堂之中等问题，导致学生的积极性和参与性不高，没有取得预期的效果。

09 美德万年长

枫木桥中学 喻慧倩

教材分析

"美德万年长"是部编版九年级上册第五课第一框"延续文化血脉"的第二目内容,阐释了中华传统美德的丰富内涵和重要价值,以及如何在生活中传承和践行中华传统美德。提高学生对中华传统美德的认同感,帮助学生形成积极弘扬传统美德的责任意识,从而增强文化自信。

学生分析

学生对中华传统美德有所了解且能说出一些具体的事例,然而在日常生活中践行中华传统美德方面存在不足。初中生正处于世界观、人生观和价值观形成的关键时期,本框内容有助于学生提高思想水平和道德素养,增强对中华文化的认同感。

教学目标

1. 知识目标

知道如何弘扬中华传统美德,知道中华传统美德的特点及内容。

2. 能力目标

通过学习,能够描述中华传统美德的特点及力量,训练学生观察、思考、分析、综合的能力。

3. 情感、态度与价值观目标

体会中华传统美德的力量,自觉践行中华传统美德。

教学重点

弘扬和践行中华传统美德。

教学难点

践行和弘扬中华传统美德。

红色资源

刘少奇的故事。

教学方法

情境法、合作探究法、讨论法。

教 学 过 程

一、新课导入

1. 初识刘少奇

展示图片，提问：这些礼品都很朴素、简单。当时身为国家副主席的刘少奇明明有能力送更贵重的礼物，却没有，这说明了什么？

2. 教师总结过渡

说明刘少奇为人清廉正直、朴实淳厚。本节课我们一起跟随刘少奇爷爷的故事，感受中华传统美德的魅力。

二、新课讲授

（一）中华传统美德的内容及特点

1. 再识刘少奇

（少年时期的刘少奇被人叫作"刘九书柜"，这个绰号是怎么来的呢？）播放视频，请学生回答，刘少奇如醉如痴般的读书精神给你现在的学习生活怎样的启示？

2. 教师引导

刘少奇热爱学习、勤奋刻苦。他积极进取、克服困难，从书本中获取知识武装头脑。如今我们享受着社会和父母提供给我们的优越的学习条件，要珍惜当下时光，珍惜学习机会，勤奋学习，不负青春年华。

3. 提问

一个人之所以能被他人记住，一定是因为他身上的精神品质。刘少奇爷爷身上的崇高风范正是中华传统美德的具体表现。请同学们结合刚刚说的两个故事，总结中华传统美德的内容及特点。

4. 总结

中华传统美德具有内涵丰富、博大精深的特点。有忧国忧民、道济天下的爱国情怀；有勤劳勇敢、自强不息的奋进品格；有自尊互敬、助人为乐的和乐风范；有诚信守法、见利思义的高尚情操；有孝敬父母、尊敬师长的伦理规范；等等。

过渡语：伟人已远去，但他的高尚情操鼓励着一代又一代人砥砺前行。身为宁乡的青年一代，我们如何传承伟人的优秀品质呢？

（二）如何弘扬中华传统美德

（1）播放视频《刘少奇与妻子王光美写给刘平平的信》。

（2）学生分组讨论：结合刘少奇在信中给他女儿提出的要求，谈一谈我们在日常的学习和生活中应该如何传承和发扬中华传统美德。（结合生活实际）

对自己：做到勤学好问、勤俭节约、自强不息、艰苦奋斗、追求正义。

对他人：孝敬长辈，尊敬师长，关爱他人，拾金不昧，见义勇为。

对社会：热爱祖国，捍卫国家利益，遵纪守法，多参加公益活动和志愿活动。

（3）结论：①推进社会公德、职业道德、家庭美德、个人品德建设，青少年责无旁贷；②倡导向上向善、孝老爱亲、忠于祖国、忠于人民，青少年必须身体力行。

过渡语：美德的力量在于践行，在社会生活中有很多用亲身行动弘扬中华美德的榜样人物。

三、分享活动

传古今经典，树当代风范。榜样我来荐：谁是你心中的美德榜样人物？请说一说理由。

四、课堂小结

见贤思齐焉，老师希望你们能向自己心中的美德榜样看齐，从小事做起，从身边出发，多存凡心，多做善事，讲好中华美德故事！

教学反思

本节课我采用一案到底的教学方式，整个课堂比较连贯、有逻辑。既有学生自主思考，也有小组合作探究，目的在于调动学生参与到课堂中的积极性。运用了宁乡红色人物刘少奇的故事，让学生在感受伟人崇高风范的同时，思考如何将传统美德践行到日常生活中。

本节课存在的不足之处：没有深入挖掘教学素材，德育工作只停留在了表面；语言不够精练，对学生回答的评价也没有落到实处；课堂活动不够新颖，没有充分调动学生的积极性。

10 生命至上

资福初级中学　周雨昕

教材分析

　　本节课"敬畏生命"是新人教版七年级《道德与法治》上册第四单元"生命的思考"中第八课"探问生命"第二框的内容，"生命的思考"这单元在七年级上册教材体系中居于核心地位，旨在对初中生开展比较系统的生命教育，有着强烈的现实意义和深远的教育价值。

学生分析

　　初中阶段是一个人形成正确人生观、价值观的重要时期，而初中生的心理还处于一个半幼稚、半成熟的时期，他们对生命问题的认识和理解还不够全面，甚至会产生偏差。如果学生这些思维的矛盾和困惑得不到及时指导，就可能产生心理脆弱、思想困顿、行为失控等问题，导致其不懂得尊重、敬畏、珍爱生命，甚至漠视生命，引发一场场人间悲剧，给家人和朋友造成巨大的痛苦，给社会造成无法弥补的损失。本节课通过学习先烈舍己为人的精神，进一步对学生进行生命观、价值观的正确引领，培养他们敬畏生命、珍爱生命的情怀，具有强烈的现实意义和深远的教育意义。

教学目标

　　1. 知识目标

　　知刘少奇生命的最后 27 天所经历的事情。

　　2. 能力目标

　　通过了解刘少奇生命的最后 27 天所经历的事情和回顾 2017 年参与抗洪救灾

的宁乡祖塔村救人英雄群体的事迹，明晰我们应该以敬畏之心缅怀先烈，以敬畏的情怀对待自己的生命。

3. 情感、态度与价值观目标

学会珍视自己的生命，同时学会珍爱他人的生命。

教学重点

通过了解刘少奇生命的最后 27 天所经历的事情和回顾 2017 年参与抗洪救灾的宁乡祖塔村救人英雄群体的事迹，明晰我们应该以敬畏之心缅怀先烈，以敬畏的情怀对待自己的生命。

教学难点

学会珍视自己的生命，同时学会珍爱他人的生命。

红色资源

刘少奇生命的最后 27 天所经历的事情。

教学方法

讲授法、问题教学法、合作探究法、演示法。

教 学 过 程

一、导入

教师陈述：今天天气有点冷，但感觉你们很热情，很精神。很早就听说，城北中学的学生很有情怀，确实，请看这段视频。（视频）

二、生命至上

教师陈述：在今年清明节，全国各地有许许多多优秀青少年学子，到红色基地瞻仰革命先烈。你们知道他们是在表达什么吗？

生：对先烈的敬畏。

教师引导：先烈们为革命事业奋斗终生，我们应该敬畏革命前辈，敬畏每一个生命，因为生命至上！

（板书：生命至上）

三、敬畏生命

教师陈述：其实，每一个生命都有追求极致绽放的权利。我们现在先做个小体验：摸摸自己的脉搏。（用右手食指、中指、无名指轻压在桡动脉上，静静地感受）看大家的表情应该都找到了，感受到了自己的生命体征。

我曾在《生命》这一篇文章中看到过这样一段文字：

有一次，我用医生的听诊器，静听自己的心跳。那一声声沉稳而又规律的跳动，给我极大的震撼，这就是我的生命，单单属于我的。我可以好好地使用它，也可以白白糟蹋它。

同学们，这个时候我们应该听从内心的召唤。作为一个能思考的人，我们做任何事情是不是都需要对自己负责呢？那么是不是也要对爸爸妈妈负责呢？同时，我们还应该以行动来对伟大的时代和祖国尽我们的一份责任。

刘少奇是大家熟悉的宁乡革命先烈，他的一生都在为党和人民事业奋斗。他在生命的最后 27 天里依旧不放弃自己的生命。你们看，给刘少奇治疗的军医记录下了他的情况。

教师提问：看了刘少奇主席生命的最后一刻，你对生命又有了什么新的认识？

幻灯片字幕提示：我认为生命是_____，因为_____。

作为国家领导人之一的刘少奇，在自己重病缠身且医疗条件十分受限，治疗被各种原因阻断的情况下，依旧有着顽强的生命力。我们的生命来之不易，坚强而又脆弱。希望大家始终用一种敬畏的情怀对待自己的生命。

（板书：敬畏生命）

四、珍视生命

这是一张奖状，它属于 2017 年参与抗洪救灾的宁乡祖塔村救人英雄群体。这份荣誉实至名归。（视频）

这次救人，整个群体牺牲 8 人、受伤 10 人只为救 1 人，这样的行为你怎么看？（小组讨论 2 分钟）

学生总结。

教师总结：在金钱、权势、物力等外在东西面前，生命价值高于一切。特别是在突发事件（洪灾、地震、泥石流、火灾等）来临时，生命是第一位的。你们记住了吗？

（板书：珍视生命）

五、珍爱他人生命

教师陈述：虽说我们的生命是短暂的，但我们可以让有限的生命体现出无限的价值。从某种意义上看，世间的一切，都是遇见。在我们成长的过程中，接触过无数人，在珍视自己生命的同时，我们也要珍爱他人生命。

我们班子涵的家长以言传身教的方式给孩子上了一堂生动的珍爱他人生命的课！（视频/音频）

（板书：珍爱他人生命）

现在，我们请陈子涵上台来分享一下参与活动后的心得体会。（2~3分钟）

教师引导：子涵，这次活动你的印象一定非常深刻吧？确实，印象深刻，你才能说出这些发自肺腑的话。下面，我们一起来看看这些孩子是怎样珍爱他人生命的。（助人为乐、舍己为人的照片）他们一个个化身为小小义工，这样的行为，足以暖人心，值得我们学习！

教师总结：最后我写了一段话，希望与大家共勉：

人生的意义永远在于拓展，别管我今天是谁，我想成为这样的自己：

敬畏生命，珍视生命，且珍爱他人生命，让每一个冬日更加温暖！

因为我们生而为人，生而为众生！

六、板书设计

生命至上

"生命至上"这个主题是在接到赛课时间的通知后临时更换的，时间紧促，但最后的呈现较为成功，这令我觉得这段时间的努力没有白费。

在前期与上课班级班主任沟通和搜集学生与家长的素材时都较为顺利，非常感谢张新建老师和673班陈子涵的家长的支持与配合，令"生命至上"这堂课能紧密与学生的生活实际相结合，真正落实"学生为主"的教学理念。

金无足赤，人无完人，每一堂课总会有瑕疵。在课堂开始前，原本胸有成竹的我因为翻页笔一直未找到USB接口慌了点儿神，好在很快我便镇定下来，直接用手操作。在课堂进行中，我提前准备好的板书却因录播室黑板材质问题无法被吸铁石吸住，只能随机应变手画板书。这几个小失误都是缘于我在赛前没有来了解比赛场地。

谢谢这次"宁乡市域红色资源融入中学思政课堂"的赛课活动，我受益匪浅。通过这一次比赛，我学到了很多的红色文化知识，也学到了很多教学设计上的技巧，明白了课前一定要考虑周全，一定要提前熟悉比赛场地，避免出现失误。

11 平凡与伟大

周南靳江中学　邹　灿

教材分析

七年级上册《道德与法治》最后一单元最后一课最后一框最后一目"平凡与伟大"主要表达了四层意思。

其一，每个人的生命都有自己独特的使命。有追求的人往往不甘于平庸，希望活出自己的精彩，让生命之花更加绚烂。我们要把握好自己的青春年华，让生命绽放光彩。

其二，伟大在于创造和贡献。教材通过保尔·柯察金的故事、部分伟人与其成就的展示，让学生懂得，伟人运用自身的品德、才智和劳动，创造出比自己有限的生命更长久的、不平凡的社会价值，为社会留下了宝贵的物质财富和精神财富，实现了自身的生命价值。本堂课将书本保尔·柯察金的故事换成宁乡市域特色文化资源尤其是红色资源大屯营镇朱剑凡先生的故事。

其三，平凡的生命有自己的价值。教材设计了两个普通人认真工作、忠于职守的场景，让学生认识到，平凡的生命用认真、勤劳、善良、坚持、责任、勇敢同样可以书写自己的生命价值。本堂课将宁乡学子喻壮的故事融入进来，学生通过喻壮哥哥用孝顺、坚持、乐观、勤奋等美好品质书写自己的人生，感受平凡的生命也有自己的价值。

其四，生命从平凡中闪耀出伟大。这是对本目的总结，也是对生命教育的总结和升华。引领学生将个人生命和他人、集体、民族、国家甚至人类的命运联系在一起，提升生命的质量，创造生命的价值，活出生命的精彩。本堂课通过朱剑凡先生将个体理想与他人、社会、国家相联系的故事引出这个知识点。设置小组讨论，分享自己心目中不平凡的人如张桂梅、袁隆平、钟南山等的事迹，他们都是将个人生命与他人、社会、国家的命运相联系的人。

学生分析

处于青春年华的初中学生，风华正茂，对生活充满热情，洋溢着生命的活力。他们中一些人已经开始思考生命的意义，但是难以得到一个让自己满意的答案；也有一部分学生感到生活的意义渺茫，人的生命渺小而脆弱，生活机械而乏味，开始对生存的意义和生命价值产生怀疑，不同程度地表现出漠视自己和他人的生命。教育应该是一项关爱生命、提升生命质量的神圣事业。本课试图通过对生命意义的思考和探寻，使初中学生健康地成长，并焕发出生机与活力，帮助其平稳地度过青春期，并学会珍爱自己和他人的生命，树立正确的世界观、人生观、价值观，提升生命的质量。

教学目标

1. 知识目标

认识到平凡的生命用认真、勤劳、善良、坚持、责任、勇敢同样可以书写自己的生命价值，平凡的生命也可以时时创造伟大。

2. 能力目标

会正确对待平凡与伟大，创造有意义的人生，活出生命的精彩。

3. 情感、态度与价值观目标

不甘于平庸，希望活出自己的精彩，让生命之花更加绚烂。

教学重点

在平凡的岗位上默默奉献，不甘于平庸，希望活出自己的精彩，让生命之花更加绚烂，在平凡中创造伟大。

教学难点

明确平凡与伟大的辩证关系，知道平凡与伟大是统一而又矛盾的。

红色资源

大屯营镇朱剑凡先生毁家兴学事迹、宁乡学子喻壮的故事。

教学方法

案例教学法、讨论法、问题探究法、讲授法。

一、导入——看图猜学校

同学们，我们来玩一个看图猜学校的游戏。知道答案的同学，请坐姿端正笔直地告诉邹老师，图片是哪所学校。

——崭新的周南靳江中学。

——令许多同学心驰神往的宁乡一中。

师引导：周南靳江中学和宁乡一中有着"本是同根生"的关联，那就是他们的创始人都是朱剑凡先生。今天，我们通过走进朱剑凡先生的一生来学习"平凡与伟大"。

二、组织新课

我们一起来听一听朱剑凡先生的简介。

师提问：简介中，你印象最深的是什么？

生回答：东渡日本留学、毁家兴学……

师引导：那我们一起来听一听毁家兴学的故事。

【播放音频：毁家兴学】

1905 年，刚从日本留学归来的朱剑凡有感于"女子沉沦黑暗，非教育无以拔高明。要自立于社会，有学识技能，才能拔于黑暗"，便毅然决然地选择了兴办女学，教育救国。

朱剑凡将面积为 440 方丈的泰安里私宅花园全部捐献，作为周南永久校址，又将自家田产与长兄换得泰安里另一部分花园，再变卖自家田产，以所得价款购地皮 628 方丈，都用来扩建校舍。朱剑凡先后总计捐献资产价值达 11 万余银元。

师提问：朱剑凡先生为我们的幸福生活留下了些什么？

生回答：创办女学，弘扬了他的教育思想；改造社会，转变当时男女受教育不平等的社会风气；为我们留下了宝贵的物质财富和精神财富。

师引导：剑凡先生秉持着进取之心，做创造的表率；秉承着赤子之心，做贡献的表率；秉承着淡泊之心，做无私的表率。他是伟大的。

伟大在于创造和贡献。一个人的伟大，不在于其地位的高低，而在于他能够运用自身的品德、才智和劳动，创造出比自己有限的生命更长的、不平凡的社会价值，为我们留下宝贵的物质财富和精神财富，影响一代又一代的人。

师提问：剑凡先生毁家兴学，为了谁？

生回答：女子、社会、国家。

师引导：生命虽然平凡，但也能时时创造伟大。当我们将个体生命和他人的、集体的、民族的、国家的甚至人类的命运联系在一起时，生命便会从平凡中闪耀出伟大。

师过渡：在宁乡，有这么一位学子。未出世丧父，自幼承担起照顾瘫痪母亲的重责。同龄人尚在父母怀抱撒娇时，五岁的他每天5点起床，生火做饭，喂妈妈吃，洗碗，上学，放学回家给妈妈按摩，洗衣做饭，晚上给妈妈擦身换衣服，伺候妈妈睡觉……如此坚持近十年！尽管生活如此艰辛，他仍像钉子一样，挤时间、抢时间，刻苦学习，学习成绩始终名列前茅。

喻壮读四年级的时候，别的小孩都是吃着父母做好或买好的早餐去上学，他每天早上都是6点准时起床，起来后先给妈妈洗脸、刷牙，但由于个头还够不着妈妈的脸，他只好踮起脚尖，两手捧着毛巾，给妈妈擦拭。接着，他要把早餐热好送到妈妈床前，一口一口喂好，然后再去上学。

尽管面临各种艰难困苦，生活的重担并没有将他压垮。喻壮学习上认真刻苦，勤奋好学，成绩名列前茅；生活中热爱劳动，乐于助人，是同学们学习的好榜样。

宁乡市麦田学校校长唐正平提起喻壮就赞不绝口："喻壮是一个品学兼优的好学生，虽然经历了生活的艰难困苦，他却仍然保持着积极向上的阳光心态，把正能量传递给周边的同学们。"

喻壮表示："我最喜欢学生物，将来想当一个医生，就像医生叔叔给妈妈治病，帮助妈妈减轻痛苦一样，感恩、回报社会。"

师提问：与伟人相比，更多像喻壮哥哥这样的人可能是默默无闻的。这样的生命有没有意义呢？喻壮哥哥身上有哪些值得我们学习的优点？

生回答：坚持不懈、迎难而上、孝顺、积极向上……

师总结：喻壮哥哥面对生活的艰难和考验，不放弃、不懈怠。用坚持不懈、迎难而上、孝顺、积极向上……书写着自己生命的价值。正是因为这些闪闪发光的品质，喻壮哥哥本人先后获得宁乡市"优秀团员"、长沙市"最美中学生"、"向上向善湖南好青年"、"全国向上向善好青年"等荣誉称号。他是不平凡的。

小组讨论：你心目中不平凡的人是谁？请组内分享他/她的故事。

讨论时间：2分30秒。

讨论要求：组内积极分享观点；小组推选"最佳分享者"向全班同学分享，组长为记录员记录组员的发言。

师总结：正如习近平总书记所说，"英雄模范们用行动再次证明，伟大出自平凡，平凡造就伟大。只要有坚定的理想信念、不懈的奋斗精神，脚踏实地把每件平凡的事做好，一切平凡的人都可以获得不平凡的人生，一切平凡的工作都可以创造不平凡的成就"。

师提问：在你成长过程中，有谁虽平凡，却曾给过你阳光般的温暖，精神上的力量？谁虽普通，却曾如一盏明灯照亮你前行的路、给你前行的勇气？

请你写下对他/她的感谢与祝福，并结合自己学习与生活的实际，谈谈自己会如何绽放生命的精彩。

师引导：

"一代人有一代人的长征，一代人有一代人的担当。中国的未来属于你们，民族的未来系于你们，时代的责任赋予你们，时代的荣光也必将属于你们。"

——《习近平新时代中国特色社会主义思想学生读本》

师总结：希望我们宁乡学子学习剑凡先生的品质、弘扬剑凡先生的奉献精神，向喻壮哥哥这样的向上向善好少年看齐，接过时代的接力棒，在中华民族伟大复兴的时代大舞台上绽放你们生命的精彩！

教学反思

这一堂课让我看到了优秀的城北学子的风采，他们语言表达能力强，上课发言不胆怯。本堂课做到了以学生为主体，教师是引导者角色。

教学也是一种有缺憾的艺术。小组最佳分享者分享的时候，因为第一个同学讲了近一分钟，我便只请两个小组来回答，若不这样，有可能超时。

我未来教学设计应该着力于去创造一节课最耀眼的环节。

对于这堂课，我内心评价是"四平八稳"。希望能听到评委老师们的评课，让我知道哪些地方是我可以继续发扬的，哪些地方还不足，要再努力！

12 公正司法

宁乡市碧桂园学校　周　露

教材分析

"公正司法"有两目内容。

第一目"公正司法的内涵"，主要讲的是公正司法的含义、地位以及"程序正义""结果正义"这两个方面的具体表现。含义包括两层意思，和两个具体表现一一对应，是学生学习的重点。

第二目"推进公正司法"，主要介绍推进公正司法的措施。主要有四点：一是"必须确保审判权和检察权依法独立行使"；二是"必须坚持以事实为依据、以法律为准绳"；三是"必须坚持人民司法为人民"；四是"必须加强人权司法保障"。引导学生去实现公平正义这一法治价值追求。

20 分钟片段教学不能完成一框内容，故只讲第一目"公正司法的内涵"。

学生分析

高中生与司法实践接触甚少，对司法活动的了解主要来源于新闻媒体或者亲友经历。总的来说，了解较少、较浅。公正司法对于他们来说，更像一句口号。但是通过案例分析，理解起来也不难。

教学目标

1. 知识目标

理解公正司法的含义、意义和具体表现。

2. 能力目标

通过相关资料和所学，明白公正司法是一个渐进性、持续性工程。能对司法机关公正司法提出自己的建议。

3. 情感、态度与价值观目标

通过学习，认同公正司法是为了更好地保障人民群众的利益，支持司法机关公正司法，并能以主人翁的姿态监督司法机关的司法行为，为法治中国建设贡献力量。

教学重点

公正司法的含义和表现。

教学难点

公正司法的意义。

红色资源

人民司法制度奠基人谢觉哉的案例。

教学方法

问题教学法、讨论法、合作探究法。

教 学 过 程

一、导入新课

宁乡是一座有着红色基因的城市，是一片红色的热土。从这片土地上走出去了一个又一个革命先辈。我们今天一起来玩一个小游戏：猜一猜！

老师给线索，同学们猜人名，看谁能用最少的线索最先猜出来。

线索一：他出生于宁乡。

线索二：他是"延安五老"之一。

线索三：他是我国司法制度的重要奠基人。

线索四：他是新中国首任司法部部长。

线索五：他是中国政法大学第一任校长。

线索六：他曾担任最高人民法院院长。

线索七：他也是秉公办案的好法官。

教师过渡：没错，他就是谢觉哉，饮沩水长大的人民司法奠基人！我们今天就一起来致敬谢觉哉，感悟公正司法。

二、讲授新课

（一）公正司法的内涵

教师陈述：谢觉哉1959年被选举成为最高人民法院院长，当时已是75岁高龄。有人对他说，您这么大年纪了，挂个名就可以了。但谢老不这样认为。他上任的第一件事就是报请中央批准，取消最高法院判决或核准的死刑案件实行电报报案，而不报送案卷的做法，恢复过去的"报送案卷"。并且谢老还亲自带头阅卷办案，纠正了一些冤假错案，使得一些疑难案件得以正确处理。其中有一个经典的案例："云南地主婆投毒毒害社员案"。

情境材料：该案被告与社员一起到山上采蘑菇，将采到的蘑菇交生产队食堂。结果有人食用后中毒。因为当时被告没有吃，有人怀疑她有意毒害社员，将其扭送法院。法院未作具体调查，就主观认定这是阶级报复行为，判处其死刑。该案报到最高人民法院后，谢觉哉审查案卷，提出了三个疑点，并责令发回重审。云南省法院经过认真调查，发现：被告根本分不清哪种蘑菇有毒，也找不出毒蘑菇一定是她所采的证据。她自己没有吃，是因为在食堂开饭前已吃过自家采的蘑菇。在查明事实的情况下，法院宣布将其无罪释放。

探究问题：从这个案件的前后反转看什么是公正司法，公正司法的内涵和表现分别是什么。

（学生活动）

教师总结：反转前，过程是没有经过具体调查的，因为当事人是"黑五类分子"而产生主观判断，说明过程不合理，程序不公正；反转后，过程是经过认真调查的，查明事实，说明过程合理，程序公正。反转前，给这个无辜的地主婆判了死刑，说明结果不公正；反转后，在查明事实的情况下，法院宣布无罪释放，还了她清白，说明结果公正。

所以我们探究得出，公正司法的含义就是要在司法活动的过程和结果中都坚持和体现公平正义。具体表现为程序公正和结果公正。

下面我们一起做一个题巩固一下。

（略）

（二）公正司法的意义

教师过渡：看来同学们对公正司法的内涵已经领会了，那么公正司法又有何意义呢？下面请同学们进入自主探究二，根据材料思考公正司法的意义。

情境材料：

材料一 谢老一生为中国司法制度鞠躬尽瘁，为人民司法是谢老追求法治的初心所在，实事求是、公正司法是谢老法治思想的核心要义。

材料二 公平正义是司法的灵魂和生命。新时代，我们要进一步增强使命感和责任感，肩扛公正天平、手持正义之剑，紧紧围绕人民群众对公平正义的新期待，扎实推进司法为民、公正司法，努力让人民群众在每一个司法案件中感受到公平正义。

——最高人民法院网站

（学生活动）

教师总结：通过探究我们得出，公正司法能够维护社会公平正义，而且司法途径还是解决纠纷的最后途径，具有定纷止争的作用。所以我们说公正司法是维护社会公平正义的最后一道防线。

教师过渡：同学们应该听过一句法谚："正义或许会迟到，但绝不会缺席。"有人围绕这句法谚展开了激烈的讨论，迟到的正义到底是不是正义呢？下面请我们的同学分成两组，老师的左手边为一组，持正方观点"迟到的正义是正义"，老师的右手边为一组，持反方观点"迟到的正义非正义"。讨论两分钟，期待双方辩手的精彩发言。友情提示：可以从当事人、旁观群众、司法机关、社会等角度来思考。

（学生讨论）

教师总结：感谢双方辩手的精彩发言！正方一辩以严谨的思维、准确的表达、犀利的观点驳倒反方，获得辩论的胜利。但其实反方的观点也有道理，迟到的正义无法抹平一切，伤害是真实发生的。所以习总书记说："必须牢牢把握社会公平正义这一法治价值追求，努力让人民群众在每一项法律制度、每一个执法决定、每一宗司法案件中都感受到公平正义。"正义还是准时到来吧，不要再迟到了！

教师小结：这节课我们学习了公正司法的含义、意义和具体表现。站在前人的肩膀上，我们描绘出了更宏大的法治建设图景，提出了全面依法治国这一宏大的时代命题。但无论走得再远，我们都不会忘记来时的路，不会忘记以谢老为代表的法治奠基者、开路人！让我们一起深情地问候一声："您好，谢觉哉！"

三、巩固新知，提升能力

最后给同学们布置一个实践作业：某同学应邀参加一场青少年法治论坛活动，拟以"公正司法，维护社会公平正义"为主题发表演讲。

请综合运用所学知识，帮助该同学撰写一份发言提纲。

要求：①围绕主题，形成总论点和分论点，内在逻辑一致；②论据充分；③学科术语使用规范；④字数150字左右。

教学反思

在教学中，我基本上做到了以学生为主体，引导学生积极主动参与，激发学生的学习兴趣，启发学生积极思考，让学生真实发声。师生在教学中平等交流，共同探讨问题，取得了预期的教学效果。但也存在前期调动不足，自主探究二的情境材料有待进一步优化等问题，或许可以将两个探究合并成一个。而辩论环节由于时间限制没有得到充分展示，没有让亮点更闪光，所以教学环节和时间安排也有待进一步优化。

13 人民群众是社会精神财富的创造者

宁乡七中　曾　隆

【教材分析】

"人民群众是社会精神财富的创造者"主要探讨人民群众及其生产生活实践在精神文化创造中的作用，从而更加明确人民群众的社会历史主体地位。

【学生分析】

学生的接受能力很不错，能够结合自己身边的实例来理解教材内容，具有很强的生活意识。

【教学目标】

1. 知识目标

理解人民群众在社会精神财富创造中的作用及体现。

2. 能力目标

通过知识的学习，了解本地的地域特色文化资源尤其是红色资源，提高自身的审美能力和鉴别能力。

3. 情感、态度与价值观目标

树立正确的价值观，从人民群众中汲取智慧和力量，增强乡土情怀和家国情怀。

【教学重点】

明确人民群众在精神财富创造中的地位。

【教学难点】

把握人民群众的实践为精神财富的创造提供了必要的物质条件。

【红色资源】

毛泽东主席与宁乡。

【教学方法】

议题式教学法、讨论法、合作探究法。

教 学 过 程

一、导入新课

宁乡是一片红色的土地，人杰地灵，红色的火种遍布楚沩大地。翻开历史画卷，但见一个个风云人物缓缓走来。刘少奇，"宁乡四髯"（何叔衡、谢觉哉、姜梦周、王凌波），开国上将陶峙岳、甘泗淇，开国少将潘世征等无一不是宁乡的骄傲。但大家可知道，还有一位伟人也与宁乡有一段不解之缘。那么他是谁呢？让我们看一段小视频。（播放 1917 年青年毛泽东和萧子升游学宁乡的视频）

二、讲授新课

议题一：伟人情——情系宁乡

师：毛泽东主席与宁乡的渊源，同学们知道多少呢？请分组讨论 2 分钟。

（讨论中）

师：据历史记载，毛泽东一共来了宁乡三次。1917 年与萧子升游学宁乡，访贫问苦，探索救国救民之道。1956 年在列车上召开座谈会，亲自嘱咐当时的县委书记张鹤亭：沩山是个好地方，有个密印寺，应该好好保护起来。1959 年毛泽东主席从韶山回长沙的路上，特意绕道宁乡，来到夏铎铺，下车步行一公里，指导农民要科学种田。何光国老人以此为素材在《湖南日报》发表了一篇文章——《人民心中的丰碑》，荣获二等奖。同学们，是什么让毛主席对宁乡如此牵挂、魂牵梦萦呢？对了，是人民群众。人民群众是社会历史的主体。（板书：人民群众）

议题二：伟人魂——魂牵楚沩

PPT 展示：湖南第一师范、《沁园春·长沙》

毛泽东在湖南一师求学五年，曾和同学到湘江边指点江山、激扬文字，留下了著名的《沁园春·长沙》（齐读）。那同学们，《沁园春·长沙》流传千古依靠的是谁？对了，是人民群众，人民群众是精神财富的创造者。请看 PPT（板书：精神财富的创造者）。

PPT 展示：

（1）人民群众的生活和实践是一切精神财富形成和发展的源泉。（青年毛泽东与萧子升游学宁乡，访贫问苦，积累了大量的珍贵资料，为《湖南农民运动考察报告》提供了丰富的素材，同时也为中国工农武装思想的形成和农村包围城市道路理论的提出奠定了早期的思想基础。）（板书：源泉）

（2）人民群众的实践为精神财富的创造提供了必要的物质条件。（1917 年青年毛泽东与萧子升游学宁乡，一天没有吃饭了，饥肠辘辘，本想去老百姓家里蹭饭吃，奈何百姓也不富裕。于是便打听附近是否有一个既有钱又有才的人。果然有这么一个人，叫刘翰林，二人便决定前往刘宅。但见一副对联——"照人秋月，惠我春风"，便知老先生是位饱学之士。于是写了一首诗来叩门："翻山渡水之名郡，竹杖草履谒学尊。途见白云如晶海，沾衣晨露浸饿身。"同时也委婉地表达了自己饥饿难耐的窘况。老先生会意大加赞赏，与二人畅谈古今，对二人的才华敬佩不已。临别之际，还赠二人 40 个铜板。拜别后，两人各花了 4 个铜板，饱餐了一顿。同学们，请思考，如果没有刘翰林的招待，毛萧二人能否再续身无分文，心忧天下的佳话呢？）

生：思考中……

师：不能，毛萧吃的喝的都是人民群众创造的，如果不能吃饱穿暖，早就饿晕在路边，哪里还能悟出救国救民之大本大源呢？所以人民群众的实践为精神财富的创造提供了必要的物质条件。（板书：物质条件）

（3）师：人民群众还直接创造了丰硕的社会精神财富。7000 多年前，宁乡的先民来到了这片土地上，用智慧和汗水创造了辉煌灿烂的文化。作为后辈，应该把这些文化遗产好好保护起来并流传后世。大家多是宁乡人，对宁乡的非物质文化遗产知多少呢？请看一组图片。（PPT 图片展示宁乡非物质文化遗产、宁乡红色文化）（板书：直接创造）

师：从毛泽东主席与宁乡党史陈列室的揭牌，到陕西科技大学、西安政法大学、湖南师范大学的学生重走伟人游学路，感悟领袖情怀，到新时代少先队员们在石仑关梦想广场齐唱红歌，无一不在传承着红色文化。这是一笔笔宝贵的精神财富，是人民群众智慧的结晶。红色，是宁乡的文化底色；红色，是宁乡的精神图腾。莽莽沩山，滔滔沩水，共同见证了那一抹宁乡红。让我们不忘初心，砥砺前行，让那一抹亮丽的宁乡红闪耀在新时代的星空。

三、板书设计

人民群众是精神
财富的创造者
{
人民群众的生活和实践是一切精神财富形成和发展的源泉
人民群众的实践为精神财富的创造提供了必要的物质条件
人民群众还直接创造了丰硕的社会精神财富
}

四、习题巩固

（略）

教学反思

教学过程中，时刻关注学生的动态，目中有人，充分调动学生的课堂参与意识，同时通过一些小故事串联知识点，学生的接受度很高。不足处在于，时间的把控不太到位，同时活动的有效性没有凸显。

14 价值观及其导向作用

宁乡十中　戴　慧

【教材分析】

此框题内容为必修四《哲学与文化》第六课第一课时中的第二个小框题，首先是价值观的含义，然后是分析价值观的导向作用，对学生进行正面教育，让学生树立正确的价值观。

【学生分析】

宁乡一中学生素质较高，能从材料迅速得出相关信息，且分析能力较强，能迅速联系之前所学内容，发散思维。

【教学目标】

1. 知识目标

价值观的含义、价值观的导向作用。

2. 能力目标

提高学生获取有效信息、概括信息的能力；提高学生合作探究能力以及辨别是非的能力。

3. 情感、态度与价值观目标

引导学生树立正确的价值观，向何叔衡等革命先辈致敬。

【教学重点】

价值观的导向作用。

【教学难点】

价值观的导向作用（对国家、社会）。

【红色资源】

何叔衡的有关事迹。

【教学方法】

问题探究法、合作探究法、讨论法、讲授法。

教 学 过 程

一、图片导入

自 2017 年在十九大上习总书记提出"不忘初心，牢记使命"的主题后，我们总是在各种各样的场合看到相关的宣传标语，或学校或小区甚至是在公交车上，也许有同学还参加过相关活动。十九届六中全会上习总书记又一次强调要"坚定理想信念，牢记初心使命"。大家有没有想过，为什么国家要大力宣传这一主题。

出示议题：今天我们就从何叔衡和赖小民的人生经历一起来探讨，跨越百年，为何仍须坚守初心。请同学观看视频并完成以下两个问题。温馨提示：看视频的同时一定要在学案上做好相应记录哟！

1. 赖小民认为权力的作用是什么？

教师总结：赖小民对权力的看法就是他价值观的一种体现。价值观指的是人们在认识各种具体事物价值的基础上，对事物价值的总的看法和根本观点。

2. 请根据视频按学案要求完善两者的人生经历。

二、合作探究

1. 结合两者的人生经历分别谈谈价值观对他们个人和国家产生了怎样的影响。

教师总结：价值观影响人们认识世界和改造世界的活动，是人生的重要向导，还承载着一个国家一个民族的精神追求，体现了社会判断是非曲直的标准。

2. 两者不同的人生结局对我们有何启示？

教师总结：我们要树立正确的价值观，充分发挥正确价值观对人生的促进作用。

3. 结合所学，谈谈你对"跨越百年，为何仍须坚守初心"的理解。

从中国共产党的执政理念、宗旨等方面分析。从人生价值的实现，对社会进步、对中国梦的实现的作用来分析。

接下来检测一下同学们对今天所学知识内容的掌握程度。

三、课堂练习

某班同学一致认为："如果何叔衡穿越到21世纪与赖小民相识，他们一定不会成为朋友。"这一观点的哲学依据是（　　　）。

①价值观越正确，人生价值就越大　②价值观影响人们改造世界的活动，是人生的重要向导　③价值观是一种看法，影响个人的理想、信念和生活目标　④人的一切行为都应该从正确的价值观出发

A. ①②　　　　B. ②③　　　　C. ②④　　　　D. ③④

四、课堂小结

今天我们学习了价值观及其导向作用。作为新时代的中国青年，我们要树立正确的人生观、价值观，坚定理想信念，不忘初心、牢记使命，以实现中华民族伟大复兴为己任，不负时代，不负韶华，不负党和人民的殷切期望。

教学反思

学生主体地位体现不够，学生小组讨论流于形式，合作探究设置问题较多且有难度，学生没有时间进行充分的思考和讨论，因此，课堂气氛没有被调动起来。板书设计没有花心思，只做到了工整，可以好好思考是否能设计图形。最重要的是，在讲价值观时，采用赖小民的事例对学生的价值观的形成可能会造成错误的引导，最好是选取正面的事例。课后练习针对性强，但对于一中学生而言，难度偏低，意义不大。最后课堂总结没有达到理想的效果，也没有呼应之前的议题，对议题的解答不够。总体上，这节课还是以老师的讲授为主，学生活动较少。

15 价值观及其导向作用

宁乡第二高级中学　张莎莎

【教材分析】

本课思路清晰，向学生介绍了价值观的概念，重点剖析了价值观给人带来的两种主要影响：价值观对人们认识世界和改造世界的活动有重要导向作用；价值观是人生的重要向导。

同时，本课具有很强的德育功能，可通过革命先辈或民族伟人的生平事迹与其他人不同价值观的对比，提高学生的思辨能力与民族自豪感，引导学生在实践中自觉运用正确价值观的导向作用来认识世界和改造世界。

【学生分析】

"价值观"学生并不陌生，每个学生在生活中都会自发形成一定的价值观。但是在哲学上如何理解价值观的含义，对学生而言有些抽象。高中生抽象思维能力不是很强，并且在生活中虽然自己体验过价值观的导向作用，但是日常生活中学生很少从哲学的观念去思考，因而对于具体价值和哲学价值的关系难以把握和区分。

【教学目标】

1. 知识目标

理解价值观的含义，明确价值观对个人和国家的导向作用。

2. 能力目标

分析不同价值观的现象及其本质，提高透过现象看本质的能力；学生学习时，要注意利用原有知识进行推理：社会意识对社会存在具有能动的反作用。

3. 情感、态度与价值观目标

树立用正确的价值观来指导自己行为的思想。

【教学重点】

价值观的概念及其导向作用，是本课的重要内容，同时也是使青少年树立正确的价值观，对学生进行德育教育的落脚点。

【教学难点】

价值观的概念。

【红色资源】

宁乡伟人何叔衡。

【教学方法】

演示法、活动探究法、讨论法、问题探究法、陶冶法。

一、导入新课，激发兴趣

放上何叔衡的图片，让同学们猜，引出何叔衡红色人物：

同学们猜猜，他是谁？是来自宁乡的一位伟人哦！

生：

教师过渡：提到何叔衡的名字时，你能想到些什么呢？

生：

教师引导：毛泽东曾评价他，"叔翁办事，可当大局"。是什么让毛泽东给予他这样高的评价呢？让我们一起来走近何叔衡，了解何叔衡。

总议题："走近何叔衡，树立正确的价值观"

然后对哲学意义上的价值进行界定，着重强调哲学意义上事物的价值具有的高度概括性和普遍性。

二、讲授新课，深入探究

（一）价值观的含义及其介绍何叔衡形成的价值观

观看这个视频，同学们了解到了什么吗？

生：

教师过渡：何叔衡弃官从教是受什么影响呢？

生：

教师引导：其实在作出选择时，他肯定是对比了"做官""从教"这两件事的价值，并形成了关于事物价值的总的看法和根本观点，从而指导他做出了行为，其实就是受他的价值观的影响。那请同学们齐读一遍价值观的含义："价值观是人们在……"

教师过渡：那到底是什么样的价值观使他做出了选择呢？结合材料我们一起来看看。

生：

引导学生得出结论：何叔衡的价值观是一种真正为人民服务的价值观，这就是何叔衡内心所坚守的价值观。

（二）价值观的导向作用

教师过渡：正如同学们所言，那在真正为人民服务的价值观的指导下，何叔衡究竟又做出了什么样的行为呢？

（学生活动）接下来老师需要三名志愿者分别扮演三个阶段的何叔衡，谁来？向前来，谁愿意当青年时期的何叔衡、中年时期的何叔衡、老年时期的何叔衡？请站在一排，准备好了吧，开始。

生1（青年时期的）：1902年我26岁，考中秀才，朝廷邀我主管钱粮，我坚定地拒绝了！世人笑我、嘲我，称我为穷秀才，我却知："我绝对不是我一家一乡的人，我的人生观，绝不是想安居乡里以善终的，绝对不能为一身一家谋升官发财以愚懦子孙的……"

生2（中年时期的）：1913年，我考入湖南省第一师范学校，成为最为年长的学子。当众人惊异时，我深知"居穷乡僻壤，孤陋寡闻，急盼新学"。随后我与挚友毛泽东等一齐创办新民学会，在与军阀势力张敬尧斗争时高呼："我愿用鲜血和生命驱逐张敬尧，为湖南人民除害，死而无憾！"在1931年面对党组织选调中央苏区时，我郑重地对女儿说："革命者就是要抱定舍生忘死的决心。"

生3（晚年时期的）：1931年，忽闻二女婿被叛徒出卖于街头当众杀害，心中万分悲痛，却始终为其骄傲。我深切感知，一个共产党员就是不应该死在病床上，他一定要死在大马路上。在中央苏区担任检察部部长的我，明白道阻且艰，白天我边干活边与群众交谈，晚上召集干部群众座谈，掌握第一手材料。面对少部分人的压迫，我决心坚持实事照办。

教师点评：非常不错，感谢三位同学的精彩展现。请大家结合对何叔衡的了解和文字材料，说一说何叔衡的价值观和当时的人相不相同，价值观对他个人产生了什么导向作用。

生：

教师补充提升：何叔衡的这份正直并没有随时间的流逝而褪色，他更是在最后一刻实践了他的铮铮誓言。在第五次反"围剿"随部队撤离时，敌人将他逼至悬崖。为不拖累战友，他在生与死之间，选择了跳崖，牺牲时59岁。

面对何叔衡以及许许多多的共产党先辈这般伟大的贡献，同学们设想一下，如果自己作为国家领导人，会怎么去做呢？

生：

教师引导：在2009年将其选为100个为新中国建立做出突出贡献的英雄模范人物，在各个央视频道播放，并出版了许多相关书籍。那从国家角度而言，何叔衡的事迹被广为宣扬说明了什么？（或为什么要宣扬）

生：

教师总结：对于现在的人来说，就是铭记历史革命先辈，更希望人民能够学习革命先辈的正确价值理念，树立起真正为人民服务的价值观。价值观是一个民族和国家的精神追求，体现着一个社会评判是非曲直的标准。

进而得出结论；总结价值观之于个人的导向作用以及价值观之于国家的重要性。

三、回归学生，情感升华

教师引导：我们可以发现价值观的作用如此巨大。习近平总书记更是明确指出，"青年兴则国家兴"，"青年的价值取向决定了未来整个社会的价值取向"。结合本课学习，作为新时代的青年，我们应该树立一种怎样的价值观？

生：

教师总结与提升：很好，同学们树立了这么优秀的价值观，老师也要向同学们学习。"爱国""敬业""诚信""友善"等众多的词语，也就凝练成了社会主义核心价值观在个人层面的标准。同学们，让我们一起将社会主义核心价值观继续落实成为基本遵循，并身体力行地将其推广到全社会去吧！

教学反思

　　总体上，在教学过程当中，我基本做到了以学生为主体，实现了教师积极引导、师生教学相长，问题设置符合学生知识储备，并是学生感兴趣的，让学生有话可说、有话想说，因此课堂氛围较为活跃，也达到了预期效果。但是最后的情感升华应以学生内心感受为基础作出提升，并可以采用配音等方式加强整体的氛围，使学生更好地接受情感的熏陶，整体可以议题形式贯穿，使知识点脉络更加清晰，加强学生的自主探究能力。

16 始终坚持以人民为中心

宁乡市第十一高级中学　刘　洁

【教材分析】

"始终坚持以人民为中心"，有两目内容。本框是第二课第一框，通过对共产党的性质、宗旨、立场等的讲解认识其特质，认识其在新时代发挥的引领作用；介绍了中国共产党始终坚持以人民为中心，立党为公、执政为民，践行党的初心和使命。本框内容与下一框内容相互衔接，则是进一步证明了中国共产党的先进性。

【学生分析】

本校学生多数来自宁乡本地，通过整合宁乡地域特色文化资源尤其是红色资源进行教学，学生容易理解。

【教学目标】

1. 知识目标

了解中国共产党的性质、根本立场、根本宗旨，了解党的性质和宗旨的要求，人民的主体地位，从而理解党为什么要始终坚持以人民为中心。

2. 能力目标

了解中国共产党执政理念的依据、内涵和要求。

3. 素养目标

政治认同：通过学习党的基础知识，结合实例，认同中国共产党始终坚持以人民为中心，立党为公、执政为民，坚定支持和拥护中国共产党执政的信念。

科学精神：回顾中国共产党的发展历程，说明党的性质、宗旨。结合相关事实，说明中国共产党与中国人民的关系，阐述中国共产党立党为公、执政为民的执政理念。理解衡量一个政党的先进性，是看它在性质、宗旨和指导思想等方面所具有的优于其他政党的特质，看它在人类社会历史发展不同阶段所起的引领作用。

公共参与：激发学生努力学习党的基本理论的积极性，培养学生立足实践报效祖国的爱国情怀，引导学生自觉向党组织靠拢，自觉投身改革开放和新时代的建设中去。

【教学重点】

党为什么要始终坚持以人民为中心？怎样坚持以人民为中心？

【教学难点】

党的执政理念依据、内涵和要求。

【红色资源】

何叔衡、谢觉哉。

【教学方法】

问题教学法、讨论法、合作探究法。

教 学 过 程

一、导入新课

多媒体呈现《"焦官"谢觉哉》。

教师引导：谢觉哉的一生情系百姓、秉公执法，始终坚持以人民为中心。今天就让我们一起来探讨中国共产党如何做到始终坚持以人民为中心的吧。

二、讲授新课

（一）党的性质和宗旨

教师陈述：有人说，要了解中国，必须先了解中国共产党，老师想先来考一考大家的党史知识储备。

【活动一】 快问快答——党史我知道

问题1：中国共产党的初心和使命是什么？

（为中华民族谋复兴、为中国人民谋幸福）

问题2：中国共产党成立的时间、地点和标志？

（1921年浙江嘉兴南湖、中共一大召开）

问题3：中共一大代表哪位是宁乡人？

（何叔衡）

问题4：中国共产党是哪个阶级的政党？

（工人阶级）

学生活动：思考30秒并抢答。

教师总结：中国共产党是马克思列宁主义同中国工人运动相结合的产物。教师阐述中国共产党两个先锋队性质，帮助学生理解中国共产党是中国工人阶级的先锋队，同时是中国人民和中华民族的先锋队。

教师过渡：下面先请大家根据已有知识储备和本课的导入视频，完成课本第15页的表格。了解与我们宁乡人有关的、与党史有关的公共纪念物以及纪念物背后的故事，进行课堂分享。

【活动二】

名称	位置	纪念物背后的故事	我们要铭记什么
红船	浙江嘉兴南湖		1. 中国革命的航船从这里扬帆起航，体现了开天辟地、敢为人先的首创精神。 2. ……
谢觉哉故居			

学生活动：讨论并组织语言，分享2分钟。

教师总结：红船精神中开天辟地、敢为人先的首创精神体现了我党发挥先锋模范作用，立党为公、忠诚为民的奉献精神，体现了我党的执政理念。谢觉哉的故事则说明他不搞特殊化，坚持权为民所用，情为民所系，利为民所谋，不允许任何党员脱离群众，更不允许任何党员凌驾于群众之上，体现了人民立场和全心全意为人民服务的宗旨。

【活动三】

1. 结合探究成果，说明中国共产党是如何保持和践行初心的。

学生活动：讨论并分享。

教师总结：这位同学的回答我们可以用一句话来概括，就是中国共产党始终坚持以人民为中心。中国共产党始终坚持实现好、维护好、发展好最广大人民的根本利益，团结带领各族人民不懈奋斗，实现了中华民族从站起来到富起来到强起来的伟大飞跃。

2. 联系实际，谈谈为什么要保持党的先进性。

学生活动：讨论并分享。

教师总结：始终保持党的先进性是我党的立党之本、执政之基、力量之源。

教师过渡：保持党的先进性也是党的执政理念的内涵。

（二）党的执政理念

1. 内涵

立党为公：党的路线、方针、政策都要代表中国先进生产力的发展要求、中国先进文化的前进方向、中国最广大人民的根本利益，都要体现国家和民族的共同利益、全体人民的共同理想。

执政为民：党的全部工作必须以中国最广大人民的利益与幸福为根本出发点和落脚点，这也是党治国理政的根本出发点和落脚点。

2. 依据

为什么人的问题，是检验一个政党、一个政权性质的试金石。人民是历史的创造者，是决定党和国家前途命运的根本力量。

教师过渡：有一个人是我们新中国人民司法事业的奠基人，也是民政事业的奠基人，这个人就是谢觉哉。

【活动四】结合教材第18页和导学案内容，谈谈谢觉哉是如何践行党的执政理念，将人民放在心中的。

情景材料：谢觉哉，湖南宁乡人，中国共产党的优秀党员，"延安五老"之一，人民司法制度的奠基者，新中国民政事业的奠基人。在中央苏区，凡是和谢觉哉接触过的人都知道，"这是我们应该做的事"是他工作中用得最多的口头语。

1. 谢觉哉一直十分注意听取来自基层的声音。

对来自各基层单位的同志，谢觉哉总是热情接待，认真听取他们的意见和要求。

2. 千方百计地帮助群众解决困难。

对于涉及人民群众切身利益的问题，谢觉哉总是竭尽全力，从不推辞。新中国成立后，谢觉哉受命担任政务院内务部（民政部的前身）部长，长达十年之久。解放初期，洪涝和饥荒等灾难几乎年年都有，赈灾便成了内务部的首要任务。谢觉哉在内务部的会议上提出："不许饿死一个人！这是动员口号，也是必须完成的任务，要把这个口号与要求写在指示上。"他在党的第八次全国代表大会上发言提出："老有所终，幼有所长，壮有所用，鳏寡孤独废疾者皆有所养。"这是我国古代先哲的理想，而《全国农业发展纲要》规定的保吃、保穿、保烧、保教、保葬等五保，是上述理想的具体实现。

3. 恢复法院的正常审判制度。

1959 年 3 月，谢觉哉当选为最高人民法院院长。他到任后，首先提出切实改变办案质量不高的问题。他强调要恢复法院的正常审判制度，把案子办得更准确、更细致、更踏实，做到不纵、不宽、不漏、不错。为了实现这些要求，谢觉哉不仅亲自办案，典型示范，而且深入到全国各地法院，查大案要案，亲自查看案卷，从而纠正了不少冤假错案，使法院这一专政工具，更有力地打击了犯罪分子，也更好地保护了人民的正当权益。

学生活动：阅读材料并讨论 3 分钟、分享 2 分钟。

教师总结：践行党的执政理念，可以简单概括为，一切为了人民、一切依靠人民，坚持党在社会主义初级阶段的基本路线。

三、课堂作业

师：中国共产党始终不忘初心、牢记使命，团结带领中华各族人民艰苦奋斗，目的就是要实现中华民族伟大复兴，把我国建设成为社会主义现代化强国。而共同愿景的实现必须紧紧依靠人民。现在老师布置一个作业：

1. 进一步访谈或查找资料，列举人们实现共同愿景所面临的机遇和挑战。

2. 就如何实现共同愿景，向宁乡市人民政府领导信箱提出你的建议。

教师总结：前进的道路不可能一帆风顺，同学们生逢其时、肩负重任，本节课的最后，请大家跟我一起有感情地来朗读这段话：

何其有幸，生于华夏，见证百年！

愿以吾辈之青春，捍卫盛世之中华！请党放心，强国有我！

教学反思

　　在教学中，我引入了宁乡市域特色文化资源尤其是红色资源，精心设计板书和活动，基本上做到了以学生为主导，以学生发展为本，引导学生积极主动参与到教学中来，激发学生的学习兴趣。师生在教学中平等交流、共同探讨问题，取得了预期的教学效果，但也存在教学设计不够新颖等问题。

17 依托红色校史　体味文化功能

宁乡五中　刘　情

【教材分析】

"文化的功能"是高二思想政治教材必修四《哲学与文化》的第三单元《文化传承与文化创新》中第七课第一框的内容。本框题依托宁乡五中的红色校史，共同体味文化的功能，注重挖掘红色文化对个人、社会、民族、国家发展和进步的作用。

【学生分析】

高二学生已具备一定的知识和技能积累，能够在老师的引导下运用科学合理的方法探究问题的本质。宁乡五中的校史文化视频、党建特色宣讲会使同学们产生比较浓厚的兴趣。但结合文化的功能分析宁乡五中深挖学校地域特色文化资源尤其是红色资源的意义，会对学生产生一定的挑战性。

【教学目标】

1. 知识目标

掌握文化的功能。

2. 能力目标

感悟校史底蕴，深挖材料信息，培育家国情怀。

3. 情感、态度与价值观目标

依托红色校史，体味文化功能，汲取奋进力量。

4. 核心素养

政治认同：认同宁乡市域特色文化资源尤其是红色资源，建设美丽幸福新宁乡。

科学精神：科学把握文化的功能，正确认识文化现象。

法治意识：在民主与法治建设中，促进文化与政治、经济的相互交融。

公共参与：积极主动参与健康有益的文化活动。

【教学重点】

文化的功能。

【教学难点】

文化对个人、社会、民族、国家发展和进步的作用。

【红色资源】

宁乡五中的校史文化资源。

【教学方法】

情境教学法、合作探究法、议题式教学法。

一、导学：校史引入

近日，人民网、中国新闻网、长沙晚报等媒体都对宁乡五中的校史文化、党建工作进行了强力宣传推介。今天我们依托宁乡五中的红色文化，共同体味文化的功能。让我们一起通过视频了解宁乡五中的红色文化。（视频播放：传承红色基因　赓续校史荣光）

二、研学：问题探究

教师引导：请大家结合视频内容和文字材料思考下列两个问题。2分钟（播放背景音乐）后，邀请同学表达观点。

议题1：请概括宁乡五中为铸造红色办学品牌实施的举措。（八大举措）

同学A，回答得比较精准，谢谢你。

议题2：请结合文化的功能，分析宁乡五中深挖学校红色资源的意义。

同学B，你已进行积极的思考，但我们要从多角度构思答案。

师生总结：

①文化对人的意义：文化引导人们认识真善美，为人们提供精神指引（引领风尚）。文化教化育人，帮助人们提高思想道德素质、科学文化素质和身心健康素质，促进人的全面发展（教化育人）。优秀文化能丰富人的精神世界，增强人的精神力量，促进人的全面发展。

②文化对社会的意义：文化服务社会，满足人们过上美好生活的新期待，为人们提供丰富的精神食粮。（服务社会）

③文化对国家的意义：文化推动发展，是国家繁荣振兴取之不尽、用之不竭的力量源泉，对提高社会文明程度具有重要作用。（推动发展）

④文化对民族的意义：增强文化自信，促进文化繁荣，助推民族复兴。

三、展学：拓展践行

宁乡五中深挖学校红色资源，厚植学校发展底蕴，擦亮特色办学品牌，已培养一大批"自省自律、友善乐群、具有家国情怀"的五中学子。2018年5月13日，杰出校友黄政仁博士回母校讲学，受到大家的热情欢迎。他深情回忆了在宁乡五中的青春年华，以自己和身边人的故事为切入点，勉励学弟学妹们要有自信，要树立目标，要建立正确的价值观，要找到实现价值观的方法论，奋发图强、刻苦读书，为国家振兴作出贡献。黄政仁先生目前是中国科学院宁波材料技术与工程研究所所长，中国科学院上海硅酸盐研究所首席研究员，博士生导师，国家"万人计划"领军人才，人社部"有突出贡献中青年专家"，国务院特殊津贴获得者，全国人大代表。

一段历史，可以照亮过去；一段历史，也可以影响未来。今天，宁乡五中的红色文化在传承中闪现耀眼光芒；未来，这艘红色冲锋舟将激起更加美丽的浪花。欢迎大家到宁乡五中实地感知红色文化！

教学反思

在此次片段教学中，我将宁乡五中的红色文化资源融入中学思政课堂，课程选题科学合理，板书设计新颖精致。注重增进学生的政治认同、科学精神、法治意识，促进学生的公共参与、人格健全，取得了预期的教学效果。但也存在部分同学探讨回答问题不太积极等不足之处。

18 新时代中国共产党的历史使命
——走近革命先驱刘少奇

宁乡一中　罗　银

【教材分析】

　　"新时代中国共产党的历史使命"是必修一《中国特色社会主义》第四课第二框第二目的内容，讲述了中国共产党人的初心和使命，阐述了实现中华民族伟大复兴的历史使命，必须进行伟大斗争、建设伟大工程、推进伟大事业。

【学生分析】

　　本课的教学对象是高一学生，他们虽已有一些知识储备，但对"党的初心使命"的理解是抽象的。本课应当注重深入浅出，寓情于境。虽然学生生活在中华民族伟大复兴新时代，但是对于一些重大事件只是零星了解，普遍对中国共产党的历史使命缺乏情感认同。在课堂中应当增强情感体验和思想共鸣，培养学生的政治认同感。

【教学目标】

　　1. 必备知识

　　新时代中国共产党的历史使命。

　　2. 关键能力

　　结合时政热点、国家重大政策等，理解新时代中国共产党的历史使命。

　　3. 核心素养

　　政治认同：从"伟大斗争""伟大工程""伟大事业"三个角度的具体事例

入手，探究怎样完成新时代中国共产党的历史使命，树立政治认同。

科学精神：能够理解新时代中国共产党的历史使命，坚定实现中华民族伟大复兴的理想信念，实现人生价值。

公共参与：主动承担青年在实现民族伟大复兴中的历史责任，为实现中华民族伟大复兴奉献自己的力量。

【教学重点】

新时代中国共产党人的初心和使命。

【教学难点】

实现中华民族伟大复兴必须进行伟大斗争、建设伟大工程、推进伟大事业。

【红色资源】

共产党人刘少奇的简介和突出故事：发动群众与封建势力作斗争、下基层"四不准"、出席遵义会议。

【教学方法】

根据《普通高中思想政治课程标准》（2017年版，2020年修订）的教学建议，以议题式教学方法为主。要求学生课前研读教材，并根据导学案要求开展社会调查等研学活动。

教 学 过 程

一、导入新课

图片：乡村振兴与中美贸易战

共同富裕是社会主义的本质要求，是中国式现代化的重要特征。在2020年乡村振兴取得重要进展的基础上，2035年要取得决定性进展。美国针对中国发动贸易战，阻止中国推进"中国制造2025"，目的是阻碍中国现代化，遏制中华民族的伟大复兴。面对内有任务外有阻碍的百年之大变局，中国共产党怎样才能带领人民完成新时代的历史使命？这节课，我们一起来学习"新时代中国共产党的历史使命"。

二、新课讲授

本课围绕总议题"面对内有任务外有阻碍的百年之大变局，中国共产党怎样才能带领人民完成新时代的历史使命"，从以下三个方面来分析。

（一）不忘初心，牢记使命

播放视频：《共产党人刘少奇》。

情景探究：结合刘少奇的一生，谈谈你对中国共产党初心和使命的理解。

中国共产党的初心使命是为中国人民谋幸福，为中华民族谋复兴。

实现中华民族的伟大复兴是新时代中国共产党的历史使命，也是全国人民的伟大梦想。中国共产党怎样才能带领人民完成新时代的历史使命，实现伟大梦想呢？

（二）初心如磐，笃行致远

课前我已将全班分成三个小组，分别从不同角度去搜集刘少奇初心如磐，笃行致远的故事。接下来，让我们从党史中汲取智慧，进入今天的"党史故事我来说"。

学生展示：发动群众与封建势力作斗争、下基层"四不准"、出席遵义会议三个故事。

谢谢三位同学，接下来请大家按要求进行合作探究，时间2分钟，每组推选一名同学上台展示交流成果。

探究：（1）这三个小故事体现了中国共产党哪些优秀的品质？（2）这对党完成新时代的历史使命有什么启示？

第一组点评：社会是在矛盾运动中前进的，有矛盾就会有斗争，比如当前我们正在与新冠病毒进行严肃的斗争。大家可以看到教材第50页相关链接，实现伟大梦想，绝不是轻轻松松敲锣打鼓就能实现的，必须进行伟大斗争。

第二组点评：党是最高政治领导力量，党领导一切。必须加强党的建设，确保党的领导是正确的，坚持党的领导，我们才能实现中华民族的伟大复兴。

第三组点评：刘少奇的故事发生在新民主主义革命时期，中国共产党第一次独立自主地运用马克思列宁主义基本原理解决问题。改革开放以来，党的全部理论和实践的主题是坚持和发展中国特色社会主义，这是当前我们要干的伟大事业。

为了实现伟大梦想，中国共产党必须进行伟大斗争、建设伟大工程、推进伟大事业，其中起决定性作用的是党的建设新的伟大工程。因为推进伟大工程要结合伟大斗争、伟大事业、伟大梦想的实践来进行，应确保党始终走在时代前列，始终成为全国人民的主心骨，始终成为坚强领导核心。

（三）使命在肩，奋斗有我

为了实现伟大梦想，党是这样做的，那我们作为党员应该怎么做？在座的每一位同学应该怎么做呢？

（1）寻找身边的"最美共产党员"。

（2）勇担复兴重任，绽放青春光彩，我可以做出什么样的努力？

为了党的教育事业，他带病坚持 16 年不下一线；为了留守儿童事业，他脚步丈量 10000 余公里山路；为了乡村振兴事业，他培育 300 多名农村大学生；为了学校健康发展，他争资 1000 万元奖教助学；为了脱贫攻坚事业，他主动担当作为走在前列。他就是湖南省优秀共产党员欧正云。

播放视频：《蜡烛人生沐花开》。

他对教育的深情，对学生的付出，对同事的友爱，对工作的尽职尽责，无愧于"教书育人"这一神圣职业。他用行动诠释了一名共产党员应有的责任和担当。

生：自由发言。

习近平总书记在庆祝中国共产党成立一百周年的大会上寄语广大青年，让我们大家一起高声朗读：

新时代的中国青年要以实现中华民族伟大复兴为己任，增强做中国人的志气、骨气、底气。

同学们，我们生逢其时，也重任在肩。让我们以青春之我助力中华民族伟大复兴，以赤子之心共同呼出：请党放心，强国有我！

最后我们来唱响《强国一代有我在》，表达我们的自信。

播放歌曲：《强国一代有我在》。

三、学生提问质疑

略。

四、本课小结

新时代中国共产党的历史使命
$$\begin{cases} 中国共产党的初心和使命 \\ 实现伟大梦想的要求 \\ 四个伟大之间的关系 \end{cases}$$

教学反思

创新与亮点：

1. 追求"四性课堂"——让学生化有趣为有理
2. 培育"核心素养"——让学生化认知为认同
3. 采用"议题教学"——让学生化感性为理性
4. 实施"翻转课堂"——让学生化被动为主动
5. 优化"教学情境"——让学生化感动为敢为

再教设想：

要进一步把握好议题的目的性与操作性的关系；

要进一步设计好情境的可读性和可议性的关系；

要进一步处理好活动的预设性和生成性的关系；

要进一步兼顾好教材的科学性与时代性的关系。

19 自觉站在最广大人民的立场上

宁乡六中　王利婷

【教材分析】

这节课是必修四《哲学与文化》第六课第二框题的教学内容，是第六课教学的落脚点和归宿。它有两部分内容："自觉遵循社会发展的客观规律"和"自觉站在最广大人民的立场上"。本次微课主要讲授第二部分"自觉站在最广大人民的立场上"，主要介绍影响价值判断与价值选择的因素、正确的价值判断与价值选择的条件及正确处理集体与个人的关系等，对于指导学生如何进行正确价值判断和价值选择有着重要的影响。

【学生分析】

学生已经学习了前三单元及价值观的有关内容，因此，已经有了相应的知识铺垫，具备了学习相关知识的基础。高二学生具备一定的哲学常识知识，通过近一个学期的哲学生活知识的学习，掌握了一定的哲学生活基础知识，为本框题的学习奠定了一定的知识基础。高二学生拥有一定生活体验，具备一定的信息收集和筛选能力、阅读能力、语言表达能力，具备初步逻辑思维能力，对问题有一定的探究能力，有一定合作能力。

【教学目标】

1. 知识目标

能够自觉站在最广大人民的立场上，进行正确的价值判断和价值选择。

2. 能力目标

理解价值判断和价值选择的阶级性、主体差异性。

3. 情感、态度与价值观目标

结合有关实例，阐明价值判断与价值选择的社会历史性、主体差异性特征；学会正确处理个人、集体和社会三者利益关系；运用价值判断与价值选择的知识，分析说明现实生活中的具体案例，认同人民群众的利益是最高的价值标准，牢固树立为人民服务的思想。

【教学重点】

价值判断与价值选择的标准：自觉站在最广大人民的立场上。

【教学难点】

如何作出正确的价值判断和价值选择（标准）。

【红色资源】

谢觉哉于1950年写给宁乡的两个儿子的一封家书，以及与家乡人民群众的通信节选。

【教学方法】

问题教学法、讨论法、合作探究法。

教 学 过 程

一、导入新课

PPT 展示建党百年视频。

教师引导：建党百年，始终紧扣"人民"这一关键词，始终与人民站在一起。这一节课，我们来学习"自觉站在最广大人民的立场上"。无数的共产党人，坚守初心和使命，其中就有一位来自宁乡，他就是谢觉哉。提问对谢觉哉的了解。

PPT 展示，介绍谢觉哉生平。

谢觉哉，1884年出生于湖南宁乡。20世纪20年代，与何叔衡、姜梦周、王凌波等宣传革命思想，蓄胡明志，时称"宁乡四髯"。1925年加入中国共产党。

1934 年，年过半百，参加长征。在延安，主持起草了一系列中国红色政权最早的法令和条文。1959 年任最高法院院长。是伟大的无产阶级革命家，人民司法制度奠基者。

二、新课讲授

活动一　一封家书，感悟坚定立场

1920 年，谢觉哉离开家乡，为革命奔走，靠书信保持与家人家乡的联系。在书信中表明了谢觉哉对革命的坚定信念和对家乡的深情。今天我们通过一封家书，感悟谢觉哉的坚定立场。交代家书背景：1950 年，时任内务部部长的谢觉哉，收到家乡两个儿子的一封信，信中提到要来北京看望父亲并希望父亲能在北京为他们谋一份差事。谢老回信一封。

邀请一位同学朗读，并思考一个问题：谢觉哉和他的两个儿子对于"谋差事"的看法是怎样的？

信件内容（节录）如下：

子谷、廉伯：

儿子要看父亲，父亲也想看看儿子，是人情之常。

刻下，你们很穷，北方是荒年，饿死人；你们筹路费不易。到这里，我又要替你们搞住的吃的，也是件麻烦事。……打听便车是没有的，因为任何人坐车都要买票。

你们会说我这个官是"焦官"。是的，"官"而不"焦"，天下大乱；"官"而"焦"了，转"乱"为安。有诗一首：

>　你们说我做大官，我官好比周老官（奇才大老官）。

>　起得早来眠得晚，能多做事即心安。

问你母亲好。

父　字

一九五〇年一月廿一

提问一：谢觉哉和他的两个儿子对于"谋差事"的看法是怎样的？

提问二：为什么会有不同看法？

环节一　明确身份——为了谁

子谷、廉伯——儿子依靠父亲；谢觉哉——父亲、党员、内务部部长。

教师总结：价值判断和价值选择的主体差异性。

追问：应该怎么作出价值判断和价值选择？

环节二　坚定立场——为了谁

展示家书，分析拒绝谋差事的原因。大业方立，百废待兴；恰逢荒年，人民艰苦；车票难求，摒弃特权。

从中可以看出，我们作出价值判断和价值选择应该遵循什么标准？

引出：把人民群众的利益作为最高的价值标准。我们要自觉站在最广大人民的立场上，牢固树立为人民服务的思想，把献身人民事业、维护人民利益作为自己最高的价值追求。

提问三：谢觉哉以身作则，他在个人、家人利益与国家利益发生冲突时的选择，对我们有什么启示？

教师讲述：在面临利益冲突时，首先考虑并满足最大多数人的利益要求，要把个人、集体、社会利益三者的统一作为选择的标准。当个人利益同人民群众的利益发生冲突时，要自觉站在人民群众的立场上进行选择；当个人利益与他人利益发生冲突时，要善于从不同角度思考，理解和尊重他人的正当选择。

活动二　多次执笔，心系家乡人民

展示信件：

致宁乡父老乡亲：

我想知道故乡一些情况，自己生长的地方，不管他变化怎样，总比完全陌生的地方易于了解些。我希望有人和我通信。

1. 要确确实实安排好人民的生活。

2. 栽树是为子孙计。

3. 养猪之事，能否告我，以后可以替你们宣传。

4. ……

合作探究一　您的关切，青年作答

作为生在红旗下、长在春风里的宁乡青年，请将宁乡人民生活中发生的可喜变化告知谢老，以回答谢老对家乡人民的殷殷关切。

教师总结：在党和国家的领导下，在一代又一代宁乡人的接续努力下，宁乡发展迅速，宁乡人民生活水平迅速提高。谢老，盛世如您所愿。

合作探究二　未来，我们接棒！

书写人民满意的答卷，宁乡一直在路上！新时代的问卷已经展开，我们是阅卷人，也是答卷人！请以答卷人的身份谈一谈，你将为进一步提高家乡人民生活水平做怎样的贡献。

教师讲述：有这样一群青年，宁乡，未来可期！

三、学生提问质疑

略。

教学反思

1. 导入环节太过冗长，不具有吸引力，没有一开始就抓住学生眼球。
2. 活动设计方式过于单一，未能凸显学生主体地位。
3. 提问设计未能引起学生思考。

赓续爱国之情　砥砺报国之志

——从《哲学与文化》角度致敬"两弹一星"元勋周光召院士

20

宁乡一中　周　磊

【教材分析】

新教材新课标倡导用学科大概念统摄思想政治课教学，系统化的核心素养呼唤系统化的教学。以往高中政治教学，以孤立的"小课时"为内容单位进行的教学设计，往往过于强调落实孤立的知识点，导致学生知识"碎片化"，不能在分析和解决实际问题时做到"融会贯通"。本堂课结合周光召事迹这一红色资源贯穿大单元设计理念，把高中政治必修四《哲学与文化》学科知识按照教学的实际需要重新规划整合，综合设计，有序实施。着重讲解社会存在与社会意识的辩证关系、爱国主义的地位及意义、人生价值的评价标准等，旨在引导学生树立辩证唯物主义和历史唯物主义的观点，厚植家国情怀，砥砺报国之志，从而培养学生的对党和国家的政治认同，及科学精神、公共参与等思想政治学科核心素养。

【学生分析】

本课授课对象为高二学生，有一定认知、理解和逻辑能力，对马克思主义哲学及文化观点已经有初步的认知，所以本节课教师应为学生搭建一个有梯度的研究型学习平台，通过学生熟悉的宁乡红色素材创设情境和进行议题探讨，激发学生学习热情，增加教学的亲和力，在看得见、摸得着的真实情境中引导学生深刻理解周光召院士放下一切、毅然回国的价值判断和价值选择，增强学生对爱国主义的情感体验以达到知情融合。

【教学目标】

1. 知识目标

文化部分了解爱国主义是民族精神的核心；哲学部分明确社会存在与社会意识的辩证关系、价值判断与价值选择的特点和标准、人生价值的评价标准、价值的创造和实现途径等。

2. 能力目标

正确评价各种价值判断和价值选择的能力，学会运用马克思主义辩证唯物主义和历史唯物主义的观点分析问题，提高辩证思维能力。

3. 情感、态度与价值观目标

引导学生厚植家国情怀、乡土情怀，自觉遵循社会历史发展规律，自觉站在最广大人民立场上，将小我的梦想和国家的命运相结合，在个人与社会的统一中实现自己的青春担当。

【教学重点】

爱国主义的地位及作用。

【教学难点】

辩证唯物主义和历史唯物主义的思维方式。

【红色资源】

周光召捐赠"两弹一星"功勋奖章视频、发言稿、雕塑等，周光彝烈士墓，周光彝家书等。

【教学方法】

1. 启发式教学。运用大量图片、视频、文字等资料，启发学生由浅入深地感悟和理解周光召放下一切，毅然回国的选择。

2. 情境式教学。编排话剧，引导学生在情境中进行思考。

3. 综合运用阅读法、讲授法、讨论法等方法帮助学生学习知识、升华情感。

一、目标导学

师：1961 年 1 月，一位 32 岁的宁乡青年来到莫斯科火车站，焦急地等待着南下回国的列车。杨振宁曾这样评价他："他是个绝顶聪明的物理学家，他的回来使中国原子弹爆炸提前了一两年。"这位放弃一切毅然归国的宁乡科学家是谁呢？

生：周光召。

师：周院士与我们宁乡一中有着特殊又深厚的渊源。我们的校牌，是周院士 2002 年在北京题写的。一年后，周院士亲自来到宁乡一中，并将象征他一生最高荣誉的两弹一星功勋奖章赠送给了我们。我们也将这一光荣时刻以雕塑的形式永远定格在校园中，表达着我们对他由衷的谢意和敬意。

今天这堂课我们一起赓续爱国之情，砥砺报国之志——致敬"两弹一星"元勋周光召院士。

二、新知探究

情景剧场：《周光召回国前一天的苏联杜布纳研究所》

（一）合作探究一

议一议：周光召选择放弃一切毅然回国的原因何在？（请结合《哲学与文化》所学知识从主、客观两个角度分析）

师：我们看到此时的周光召处于人生的十字路口，一边是大好的个人前途，一边是国家命运，他毫不犹豫地踏上了回国的列车。那么我们就不由得要去探究，周光召选择放弃一切，毅然回国的原因何在。请结合所学知识从主、客观两个角度分析。1、2 组从客观角度分析，3、4 组从主观角度分析。

学生活动：略。

师：首先有请 1、2 组同学结合《哲学与文化》所学知识从客观角度分析周光召回国原因。

学生分析：（1）价值判断和价值选择具有社会历史性，价值判断和价值选择因时间地点等条件的变化而不同。他面临的是什么样的时代。尽管因时而异，但是还是有客观标准，自觉遵循社会历史发展规律，自觉站在最广大人民一边。

（2）社会存在决定社会意识，一个人具有的社会意识由他所处的社会环境所决定。

教师总结：其实我们同学从客观的角度分析周光召回国的原因，都不约而同地讲到了当时的时代背景。为什么回国呢？那是国际形势所逼！！！国家发展所需！！！国家尊严所系！！！

1959 年，中苏关系破裂，苏联单方面撕毁核协议，1960 年撤走所有专家，并将所有重要资料和图纸全部带走或销毁。当时苏联人的说法是：要给中国带来毁灭性的打击，让你们十年以后二十年以后都造不出原子弹。

周光召后来回忆说："中国有 100 多年遭受屈辱的历史，所以中国人对主权、独立的意识非常强烈。解放以后，我们又面临着西方的封锁，如何维护中国的独立、主权是中国人都普遍关注的问题。我们这一代人刚从那个黑暗的时期过来，亲身经历过列强统治中国的痛苦，所以如何使中国尽快富裕、强盛在全民族中已达成共识。"

师：请 3、4 组同学结合《哲学与文化》所学知识从主观角度分析周光召回国原因。

学生分析：（1）哲学。价值判断和价值选择因人而异，具有主体差异性，但是他心中有民族，心中有国家，心中有人民，自觉站在了最广大人民的立场上。（2）哲学。人的价值主要在于对社会的责任和奉献，只有在奉献中才能实现更大的人生价值。（3）文化。爱国主义是中华民族精神的核心，是动员中国人民团结奋斗的一面旗帜，是精神火炬。国家利益高于个人利益，两者冲突的时候，个人利益服从于国家利益。将小我的梦想和国家的命运相结合，甚至在国家需要的时候，毅然放弃小我的利益。

教师总结：综合同学的发言，从主观的角度分析周光召回国的原因可以总结为四个字，那就是"家国情怀"。周光召院士是一个坚定的爱国主义者。正如他在宁乡一中所说："只有一种对祖国的热爱、对人民的热爱，才能够保证你们在人生的每一个转折的关头都做出完全正确的选择。"正是对祖国的爱，让他在这个人生转折点上做出了最正确的选择。

教师讲解：中国人的观念中，家是最小国，国是千万家。那么，周光召先生身上沉甸甸的家国情怀从哪里来的呢？有一股力量不容忽视，那就是家风家训。在我们宁乡，周氏是一个望族，人才辈出。周光召的父亲周凤九先生是杰出的公路专家，对中国公路的发展做出了重要贡献。而他的堂哥周光彝，是一位以身殉国的空军烈士。1938 年 12 月 9 日，九架敌轰炸机侵入南昌，周光彝对准一架敌机猛冲过去，与敌机同归于尽。

我们看到这些周氏子孙，每一位都是纯粹的坚定的爱国者，都深爱着这个国家，愿意为国家付出一切，哪怕是青春甚至是生命。

诗词朗诵：《平"语"近人》（第二季）"愿得此身长报国"

教师总结：我们从主客观两个角度分析了周光召回国的原因。我们这样的思考方式就是马克思主义哲学里面辩证唯物主义和历史唯物主义的方法。当我们考虑问题的时候，主观的原因分析、客观的条件分析，用的是辩证的思维。我们又是把他和整个国家整个时代整个社会的发展紧密联系在一起，把个人和社会结合起来，就是一种历史唯物主义的观点。所以哲学就是告诉我们用一种科学的思维去分析、去判断，然后才能得出正确的答案。

视频播放：周光召回国后，从此隐姓埋名，默默奉献……

（二）合作探究二

议一议：请结合青年的时代使命，谈谈你的未来规划。

一代人有一代人的长征，一代人有一代人的使命，实现中华民族伟大复兴是一场接力跑。以周光召为代表的老一辈为我们跑出了一个好成绩，我们即将登上新时代的舞台。接下来就同学们结合青年的时代使命，谈谈你的未来规划。

学生分享：略。

教师总结：各位同学，能够跟你们一起分享你们青春的梦想，真的是一件开心的事情。我感受到了青春的力量，也感受到了我们这个国家未来的希望。希望大家赓续爱国之情，砥砺报国之志，去实现你们的青春担当。

三、结语

最后呢，我想用周光召先生的一段话和大家一起共勉。（略）

教学反思

"把课上好是教师最崇高的师德。"通过这堂课的设计、研讨、修改、磨课、试课等过程，我感受到上好一堂课不容易，须下大气力，下苦功夫。课后，我静心沉思，写下以下几点感悟：

（1）多一点真诚，少一点套路。

"一种思想不管有多么先进，如果只被供奉在神龛上，它的生命力就会逐渐丧失；只有走下神坛，融合到现实生活当中，它才可能获得新的生命力。"有些学生对政治不感兴趣，这不能完全归咎于他们。可能是我们的书本在讲述时过于概括、过于枯燥、过于定式，也可能是这种"强迫接受"的方式让学生产生了逆反心理。

宁乡是一片具有伟大革命传统的红色沃土，红色文化教育资源丰厚，贯穿了宁乡人民进行革命和建设的全过程。无论时代如何发展变化，熔铸在这段历史之中的红色血脉永不褪色，已成为楚沩大地永恒的精神底色。正是这些历史，丰富和拓展了高中思政课程资源，是厚植家国情怀、培养学生政治认同核心素养的最珍贵的精神财富。

为了还原周光召院士的真实形象，我查阅大量资料，了解了周光召院士的人生经历。备课过程中我发现，周光召是一个非常有人格魅力的人，他是绝顶聪明的理论物理学家，他是坚定的爱国主义者，他有严谨的科学态度，他不负韶华以身许国又心系家乡，是宁乡人民的骄傲。这些背后的故事，让我深受感动，也让我在资料的查阅中渐渐形成了本堂课的基本思路：我要通过讲故事的方式来吸引学生、感染学生、感动学生。

（2）从容自如，打造真实课堂。

在课堂上，教师只有以从容自如的心态，打造轻松自在的课堂，才能让学生在课堂上敢于参与、乐于学习，才利于师生互动，利于发挥学生的主体地位，利于教师开展教学。本堂课试课之始，由于紧张，我对学生的回答并没有进行恰到好处的点评以及恰如其分的引导，课堂节奏完全在我的预设之中，不利于学生深入思考，学生思维并未完全打开。可见，教师课堂上从容自如的心态是多么可贵。有了从容自如，师生双方在教学过程中才能感受到自在、和谐，教学才能顺势而为。好在我很快意识到了这个问题，不再过分追求课堂效果，更加注重课堂的生成，关注学生的思维并及时予以回应，使课堂渐入佳境。在话剧表演环节结束之后，课堂气氛进入高潮，学生也于红色情境中加深了对知识的感悟。

讲课结束，一个学生私底下跟我说："老师，你这堂课上得太好了，以前周光召只是个人名，不知道他的背后放下一切毅然回国的故事，现在感觉他太崇高太伟大了。我们以他为骄傲！"这是一个彩蛋，听了他的话，我很惊喜也很感动。

从初案到二案到三案到终案，反复思量，数次重构，精雕细琢，痛苦煎熬，坚定前行。在修炼中成长，在成长中收获。这是一个合作的过程，更是一个收获的过程。请教、阅读、深思，一群优秀的伙伴互帮互助，一段精彩的历程，难得的修炼成长的机会。作为一名共产党员，我自己也接受了一次爱国主义精神的洗礼，更加坚定了对祖国的爱。

课已上完，在整个过程中我感悟到了一堂好课的内质和一个思政教师的责任担当。"草萤有耀终非火，荷露虽团岂是珠。"宁乡拥有丰富的红色文化资源，把红色教育融入思政课堂，结合新的时代条件弘扬和传承革命精神，在真实情境中让学生感知思政课的魅力，定能让红色教育放射出新的时代光芒！我还需要继续追逐自己热爱的目标，上出一堂堂好课。我坚信：所爱隔山海，山海皆可平。

21 价值创造，路在何方

宁乡十三中　邱全飞

【教材分析】

本堂课讲的是必修四《哲学与文化》第六课第三框的"价值的创造与实现"第一目"弘扬劳动精神，实现人生价值"。授课过程中将宁乡市域红色资源何叔衡的故事融入教材，以何叔衡为例，展示人生价值实现的根本路径，为青年学生去实现自己的人生价值提供榜样。

【学生分析】

本堂课面对的是高二年级学生，他们对历史和哲学都有一定的了解。而且作为宁乡的学生是比较熟悉何叔衡的历史的，加上简历介绍，所以对何叔衡的印象会比较深。青年的他们正值价值观树立期，学习何叔衡可以给他们提供一个很好的榜样。

【教学目标】

1. 知识目标

理解并背诵"劳动与奉献是实现人生价值的根本途径"。

2. 能力目标

科学把握劳动、奉献与幸福的关系，在劳动中奉献，实现自己的人生价值。

3. 情感、态度与价值观目标

促进学生认同积极投身于为人民服务的社会实践是实现人生价值，获得人生幸福的必由之路，继承和发扬先辈们的遗志，为实现中华民族伟大复兴而奋斗。积极参加社会实践活动，为祖国、为社会、为家人、为自己而劳动，奉献自己，发展自己。

【教学重点】

理解劳动和奉献的关系，劳动和奉献是实现人生价值的必由之路。

【教学难点】

通过什么样的劳动和奉献方式实现人生价值。

【红色资源】

宁乡市域红色资源之何叔衡。

【教学方法】

演绎法、讲授法、讨论法、问题教学法、议学分析法。

教 学 过 程

一、新课导入

同学们知道他是谁吗？

没错，他就是何叔衡。他曾有一句著名的话："我的人生观，绝不是想安居乡里以善终的，绝对不能为一身一家谋升官发财以愚懦子孙的。"他在向自己也在向世人提问：我们应该追求什么样的人生？怎样实现人生价值？——今天就让我们一起循着何叔衡的脚步探讨如何创造和实现人生价值。所以，我今天的议题是"价值创造，路在何方"。

二、讲授新课

议题一　品勤勉之美，弘扬劳动精神

这里老师需要三位志愿者帮老师给大家展示何叔衡的一生，其他同学完成以下任务。

【议学任务1】

品读三位同学对何叔衡一生的展示，说说何叔衡有哪些优秀品质促使他实现了人生价值，其中最重要的是什么。

时间：2分钟。

分组安排：以学习小组为单位。

成果分享：请代表发言。

我认为何叔衡……

（板书）价值创造与实现　品勤勉之美，弘扬劳动精神

学生讨论：略。

时间到，请代表发言。（写关键词）

教师引导：从何叔衡身上我们可以看到他许多优秀品质，但对他影响最深的是劳动和奉献。从何叔衡精彩的一生可见，劳动是人的存在方式。一个人在劳动中为满足社会和人民的需要所做出的贡献越大，他自身的价值就越大，他的幸福感就越强。在社会主义社会，劳动是创造人类美好生活、促进人的自由全面发展的重要手段，是实现人生价值的必由之路，也是拥有幸福人生的根本途径。努力劳动和奉献着的人是幸福的。

过渡：有些同学说，革命年代已经过去了，我们无法复制与何叔衡一模一样的路。那么我们该怎么去实现人生价值？下面让我们一起进入——

议题二　立高远之志，实现人生价值

翻阅前辈的历史，品味前辈们意气风发的青春，作为新时代的青年，同学们准备如何让自己的青春更有价值？

下面，请同学们以何叔衡为榜样，以"劳动和奉献着的人是幸福的"为主题——

【议学任务2】

a. 点赞身边最美的人，分享他们最美的瞬间！

b. 撸起袖子加油干，幸福是奋斗出来的。作为新时代的青少年，同学们准备如何让自己的青春更有价值？

时间：2分钟。

分组安排：以学习小组为单位。

成果分享：请代表发言。

大家好，我打算分享我自己（我们组员/朋友）的故事，我（他）曾经……从现在开始，我将……

学生讨论：略。

教师引导：青春的理想，铺就奋斗的底色。同学们的想法非常多，虽然革命

时代过去了，革命的种子仍然在这片大地上燃烧着。在宁乡，各行各业涌现出许许多多有担当的有为青年，他们在奋斗中实现人生理想，在默默无闻中践行着前辈们的誓言，以开拓进取的精神成就时代荣光，以胸怀大我的姿态绘就人生画卷。

教师总结：可见，只要有心，生活处处有幸福。只要我们走出自我的狭隘天地，学会"爱"，积极投身于为人民服务的实践，品勤勉之美，弘扬劳动精神，立高远之志，实现人生价值，就在前方！

教学反思

在教学中，基本做到了以学生为主导、以学生发展为本，引导学生积极主动参与到教学中来，激发学生的学习兴趣，取得了预期的效果。但还是有部分同学不愿参与进来，可能有以下原因：设问思辨性不强；问题导向不明确；不够亲和，学生不敢回答；时间太短没有生成答案。本次课在时间上没有把握好，有些仓促了，本可以和学生多加强沟通的，板书写得也不够好。一堂优秀的课，情感、板书、时间把握、课堂气氛、教学组织是缺一不可的。

初心照耀梦想
——何叔衡与红船精神

宁乡十三中　郝　丽

【教材分析】

"弘扬中华优秀传统文化与民族精神"是统编版高中政治必修四《哲学与文化》第七课第三框题的内容，是第七课的落脚点，为后续文化部分的学习奠定知识基础。本堂课主讲第二目"弘扬中华民族精神"中的红船精神，介绍了红船精神的深刻内涵、传承意义以及对新时代的启示。教学过程中结合宁乡的红色资源何叔衡的材料，引导学生明确红船精神的内涵，探寻红船精神的本质，感受共产党人的初心，坚定我们的时代使命。

【学生分析】

1. 通过多年的知识与生活积累，学生对何叔衡的事迹比较了解，且十分感兴趣，这为理论联系实际情境，激发学生学习积极性和热情创造了良好的条件。

2. 小组讨论的习惯已经大致形成，为合作探究学习奠定了基础。

3. 绝大部分学生是宁乡本地人，对宁乡的变化非常熟悉，可以让本课围绕"宁乡发展"展开讨论。

【教学目标】

1. 必备知识

通过何叔衡与毛泽东同志在红船上的对话，展示何叔衡同志的首创、奋斗、奉献精神，明确"红船精神"的内核。

2. 关键能力

结合何叔衡与毛泽东的对话，锻炼学生提炼信息、组织语言的能力；结合宁乡两会内容及近五年的发展变化，提升学生根据情境探究问题的能力。

3. 核心素养

政治认同：培养学生热爱中国共产党、爱戴老一辈无产阶级革命家的真挚情感，传承红色基因，积蓄奋斗力量，坚定文化自信。

科学精神：理解"红船精神"的时代性。

公共参与：通过将何叔衡精神与宁乡建设结合起来，启发学生积极投身于促进家乡发展的实践。

【教学重点】

讲述先辈事迹，让学生感受中国革命的伟大胜利是许多中国共产党人和革命先烈的巨大牺牲换来的，先辈们的奋斗奉献精神永流传，从而自觉地热爱中国共产党，珍惜今天的幸福生活，传承先辈们永不磨灭的精神，树立奋发图强的爱国志向。

【教学难点】

1. 感受中国革命的伟大胜利是许多中国共产党人和革命先烈的巨大牺牲换来的；收集何叔衡等革命人物故事。

2. 学习搜集、整理、分析和运用社会信息，能够运用简单的学习工具探索和说明问题。

【红色资源】

何叔衡在一大会议时与毛泽东的对话，所传承的红船精神。

【教学方法】

合作探究法、情境对话法。

教 学 过 程

1921年的一个下午，嘉兴南湖水波声声，游人往来如常。没人觉察到，一叶红舟，悄悄出发了。在那短短的几个小时，中国革命涤尽阴霾，开启新篇。今天，让我们"初心照耀梦想"，一起走进何叔衡与红船精神的故事。我们的故事分为两个篇章。

一、红船棹起，不忘初心

美丽的嘉兴南湖，安详静卧。湖心岛烟雨楼前停泊的游船，迎来了十几位热血青年。他们在这简朴、狭小的空间里，谋划出开天辟地的大事变。下面我们来听听两位挚友的对话：

（学生表演）

毛：叔翁啊，看什么呢？

何：哎呀，今日所见，天也年轻，水也年轻，船也年轻，人也年轻，就我老了。

毛：何出此言啊？

何：我都四十有五了，国内代表中我年龄最大，我比武汉来的董必武大了整整十岁，再比比两位国际代表，我比那个荷兰人马林大七岁。你再看看北京来的刘仁静，我的老娘啊，才十九啊！

毛：大又何妨呢，识途者老马也。

何：我算了一笔年龄账啊，咱们国内十三个参会人员，外加两位国际代表，平均年龄二十八岁。

毛：二十八岁，正好是我的年纪。

何：对呀，你要二十八了。

毛：哎呀，倏忽之间二十八年了。这人生能有几个二十八年呢？

何：我四十五岁尚可感叹，你小老弟才二十八，你感叹什么呀？

毛：韶华已逝一半，来日更要抓紧。叔翁啊，幸好今日结党举事。咱们大家都有了一个新的目标，方知未来日子更有意思。

何："路曼曼其修远兮，吾将上下而求索。"中国革命的道路必定是漫长和复杂的。我随时做好了舍生取义的准备，只盼革命胜利之时我们的国家必将会迎来一番光明天地呀。润之，你说再过二十八年，中国会变成一个什么样的国家呢？

毛：再过二十八年……

何：到那个时候恐怕工农阶级在中国已经坐天下了吧。

毛：那是一定的，再过二十八年，凡中国之工人都有工做，中国之农民都有地种，中国四万万同胞人人皆是国家之主人。

齐：今日，我们齐聚这里，向所有的革命者致敬，你们的梦想实现了！

非常感谢两位同学的精彩呈现，大家听完都知道这两位伟人分别是毛泽东和何叔衡，他们的对话气势磅礴，感人至深。老师想请问同学们，你觉得这里哪句话让你感触最深？说明理由。讨论 2 分钟。

总结：中共一大代表平均年龄 28 岁，这是一支多么年轻的队伍，体现出他们的蓬勃有力、斗志昂扬。他们结党举事，敢为天下先。尽管何叔衡同志已经四十有五，但他思想开明，急盼新学，敢于走在时代前列，体现出创新精神。

"路曼曼其修远兮，吾将上下而求索。"何叔衡借用屈原的这句话，是他看到了中国革命道路的艰难曲折，同时又彰显了自己百折不挠的奋斗精神。

"我随时做好了舍生取义的准备"，体现出何叔衡同志为革命敢于奉献生命的豪迈勇气，一心一意为国家服务、为人民服务的奉献精神。跋山涉水诵诗书，何叔衡敢为人先。他的一生都在为了他心爱的国家和人民艰苦奋斗、默默奉献，他身上所彰显的精神正是"红船精神"的核心内涵。下面请同学们一起大声读出"红船精神"的深刻内涵——这是中国革命精神之源，是中国共产党的初心所在。

二、沩水长流，赓续前行

我们的何叔衡同志从红船走来，又用他的一生来践行"红船精神"。也正是这一精神激励着宁乡人民赓续前行。

2021 年 10 月 24 日，宁乡市第二届人民代表大会第一次会议开幕，市委副书记、代市长黄滔作政府工作报告，豪情满怀，目标坚定，信心十足。下面我想请小记者介绍一下近五年宁乡的发展情况。

（学生播报）

宁乡成功实现撤县设市；创成全国文明城市；县域经济基本竞争力提升至全国百强县第 21 位；地区生产总值稳居全省县域经济前三强。

始终坚持兴工强市战略，位列中国工业百强县（市）第 14 位。

深入实施创新驱动发展战略，荣获国家知识产权强县工程示范县。

持续优化营商环境，获评全国营商环境百强县第 26 位。

不断完善基础设施，成功入选全国县城新型城镇化建设示范县。

2020 年，宁乡 31 个省定贫困村全部摘帽出列。

现代服务业和旅游业不断发展，获评中国旅游百强县、中国最具魅力文化旅游城市。

在这里还要告诉大家一个好消息，12月6日出炉的新数据，2021年宁乡县域经济基本竞争力成功挺进全国二十强，跃居全国第18位，比2020年前进三位，可喜可贺！

习近平主席说要不断增强人民的获得感、幸福感、安全感。同学们有没有感受到身为宁乡人的幸福呢？请同学说说。宁乡市委市政府心系人民，宁乡人民敢于创新、勤于奋斗。宁乡近几年也在积极打造美丽乡村，而美丽乡村正是美丽宁乡的缩影。下面我们通过一个视频来感受一下。人民群众的笑脸是我们美丽宁乡、幸福宁乡最好的见证。

如今我们站在"两个一百年"奋斗目标的历史交会点上，宁乡也有了自己的新坐标、新定位、新使命。"建成省会副中心，挺进全国前十强"，这是宁乡未来五年的宏伟蓝图。而我们作为宁乡的新生代，老师想要知道，同学们会如何发扬何老的精神来把我们美丽的家乡建设得更好呢？

同学们说得很好，红色基因，重在传承，也重在发扬。千千万万种让我们家乡更美更幸福的方法，但最最重要的是我们要接过先辈的接力棒，奋斗不息。

习近平主席说过，"青春是用来奋斗的"。奋斗本身就是一种幸福。2021年12月3日，于新凡书记在宁乡一中开展思政课专题讲座。他寄语宁乡青年学子，要眼中有光、心中有梦、脚下有路，书写和咏唱无愧前人、无愧时代、无愧人民的青春之歌！

是的，老师希望同学们能谨记书记嘱托，牢记红船精神，争做担当民族复兴大任的时代新人。

教学反思

本次赛课的要求是把宁乡红色资源融入课堂、融入教材，因此我在选取材料的时候，把目标定在了宁乡人、中国人熟悉的红色人物——何叔衡身上。何叔衡一生为党、为人民、为祖国默默奉献，努力奋斗，将自己一生都献给了党的事业。作为中共一大代表，作为共产党的重要创始人，何老身上有太多品质值得我们学习和发扬。

结合习主席在各个场合都提及我们要"不忘初心，牢记使命"，"传承红色基因，赓续红色精神"，所以在这次设计课程的时候，我想着把这一伟大精神融入宁乡发展过程中，理论结合实际，历史照耀现实，设计了两个环节。为了满足议题式教学与情景式教学的需要，我设置了两个议题："红船棹起，不忘初心"，"沩水长流，赓续前行"。针对这两个议题，我设置了两个情境：一是在嘉兴南湖红船上，毛泽东与何叔衡谈话；二是2021年宁乡人民代表大会上总结的宁乡五年发展成就。提出了两个议题探究，讲清楚了红船精神的内涵以及宁乡人民对这一精神的传承。

在课程设置上，基本上做到了理论与实践相统一。整个课堂如行云流水，富有逻辑性。问题设置方面有梯度，形式多样，有合作探究，也有问答式，锻炼了学生的思维能力，也做到了以学生为主导，以学生发展为本，引导学生积极主动参与到教学中来，激发学生的学习兴趣。师生在教学中平等交流、共同探讨问题，取得了预期的教学效果。

但上完整堂课，我感觉自己的不足之处还太多：一是没有很好地备学生，对学生整体没有很清晰的认识，所以在学生回答问题时，我做的引导还不够，使得学生的回答没有很好符合我的预期。二是教师的课堂灵活度太欠缺，整个课堂状态没有放松，老师与学生一直都是紧绷的状态，老师上课没放开，学生讨论不充分，师生没有达到一个很好的合作状态；尤其是当遇到意料之外的答案时，老师没有作出很好的评价与指导，对整个课堂的运筹帷幄能力还有待加强。三是整个课堂的时政性还有所欠缺，与教材的结合还可以更紧密。这些都是我以后要下大力气改进的方面。

新课程、新教材对老师提出了更高的要求，我会好好吸取这次课堂的经验教训，在以后的课堂上更加认真地研读课标、研读课本、研读学生，提高自己运筹帷幄的能力，打造高效课堂、快乐课堂。

23 致敬革命英烈 体会人的价值

宁乡市实验中学 欧 博

【教材分析】

本框属于高中思想政治《哲学与文化》第二单元第六课第一框题第一目"人的价值"，这一目主要介绍了价值、认识人的价值和如何评价人的价值。

【学生分析】

学生通过对唯物论、辩证法、认识论的学习，已经具备初步的认识问题、分析问题的能力，再通过对马克思主义历史观的学习，初步树立了正确的理想信念，这为本课教学目标的落实奠定了知识基础。高二学生拥有一定的生活体验，具备一定的信息收集和筛选能力、阅读能力和语言表达能力。宁乡市域红色基因深厚，在社会主义革命、建设和改革等重要的历史时期，有一大批先进人物值得当代中学生去了解和学习，为引导学生树立正确的人生观和价值观，走好今后的人生道路奠定了基础。

【教学目标】

政治认同：通过深入了解本土的红色故事，拥护党的领导，厚植爱国主义情怀。

科学精神：实事求是地参与实践，从而做出合理的选择。

公共参与：认识人的价值，理解人真正的价值在于对社会的贡献，培养集体主义精神。

【教学重难点】

区分物的价值和人的价值；认识人的价值主要在于对社会的贡献。

【红色资源】

新中国成立前夕，发生在宁乡由地下共产党员组织的农民武装起义——黄唐起义，为湖南解放添上了浓墨重彩的一笔。黄唐起义的突然爆发，使湖南各界大为震动，它为迎接解放军挺进湖南，加速国民党政权的瓦解，起到了十分积极的作用。黄唐起义中牺牲的革命烈士沈子桂奋不顾身、舍生忘死的英勇事迹。

【教学方法】

情境教学法、问题探究法。

教 学 过 程

一、导入

习总书记说："要饮水思源，不要忘了革命先烈。"在宁乡革命烈士沈子桂七十周年祭时，咱们家乡有一位诗词爱好者写下了这么一首诗，让我们一起来朗读：

饮水思源

复兴伟业谱新篇，饮水思源常忆先。

志士舍身追主义，黄唐起义卷烽烟。

红旗犹漫丛林处，枪炮不绝云外天。

为有牺牲多壮志，忠魂浩气后人传。

这首诗颂扬了新中国成立前夕，发生在咱们家乡的一场著名农民武装起义——黄唐起义。起义是在宁乡的两个乡镇爆发的，大家能猜出来吗？

生：黄材、唐市。

师：不错，在今天的黄材镇，一座纪念黄唐起义的石碑在这里落成，63位当年参加起义的烈士姓名被永远地刻在了碑上。今天，我们一起重温当年的这段历史，以此来学习"人的价值"这一框题。（课前板书，PPT展示课题）

现在，我们观看一个视频，了解这场起义背后的故事。

二、新课教学

播放视频资料"黄唐起义纪实"。

师：相信大家对这场起义有了一定的了解，接下来我们进行一场角色扮演。

【活动一　角色扮演】

展示材料：黄唐起义中70多人分三路袭击，三次攻占都以胜利告终。宁乡文史专家谢仲舒评价：这三场攻占是智取，是奇袭。如果你是当时起义的一名组织者，要准备哪些物品？最想寻找什么样的人加入这场起义？

学生：（1）物品：粮食、水、医药等。（2）人：忠于党、舍身、信任、不怕死、受压迫的。

师：你为什么会需要它们？

生：因为有用、有意义。

师：也就是说他们作为客体，满足了组织者——人这一主体的需要，这就是哲学上说的价值。价值是指客体对主体的积极意义。这里的客体可以是物，也可以是人。物的价值好理解，就是物的属性能否满足主体人的需要，那么人的价值该怎样来理解呢？

前不久，老师有幸联系到了参加这场起义而牺牲的沈子桂烈士的儿子沈福先老人，听他讲述了父亲当年参加起义的故事。

【探究】

请同学们带着问题阅读材料。

"我的父亲沈子桂，是黄材镇的一位商人，生活安稳。当姜亚勋回乡组织农民武装起义时，他毫不犹豫地加入到起义队伍。……由于行动被叛徒告密，国民党派军进行围剿。作为湘中人民解放军第一支队机枪队队长，父亲带着大队奉命掩护部队突围，交战中父亲不幸中弹。为了不拖累战友，他要求战友将其藏在荆棘丛中。随后，国民党部队搜山，看到父亲，切了左耳，再拿刺刀把他活活刺死了……"

从此，木瓜山上多了一个守护家乡的忠魂，宁乡革命烈士英名录里留下了英雄的名字。而沈子桂为人民解放英勇斗争的故事，与其他战士一道镌刻在黄唐起义纪念碑上，他们的英雄事迹代代流传。

根据材料我们来探究这个问题：在黄唐起义中，沈子桂烈士的价值是如何体现的？

生 A：毫不犹豫地加入起义……为不拖累战友……为解放而奋不顾身，舍生忘死，英勇就义。

生 B：为解放事业做出了贡献，自己被人民所铭记、所认可和尊重，自我价值得到了实现。

……

师：很好，你的回答很有逻辑和条理。人的价值就体现在满足了他人、社会和自我的需要，从而人既是价值的创造者，又是价值的享受者，主要还是在于对社会的贡献。所以评价人的价值根本在于对人类事业和社会发展的贡献。

师：这就是本课我们要学习的关于人的价值的相关内容。

【活动二　发现身边人的价值】

请评价身边熟悉的人的价值。

生：亲人/老师/父母……

师：身边这样的人还有很多。习总书记说："和平年代同样需要英雄情怀。"作为 95 后的我和 05 后的你们，崇尚英雄，也要争做英雄，实现人生真正的价值。

【活动三　即兴朗诵】

师：同学们，黄唐起义已过去 70 多年，在享受和平生活的今天，这场充满硝烟的激烈战斗依然被宁乡人民所铭记。（展示烈士纪念日的 PPT）革命先辈们所留下的不畏艰险、敢于斗争、勇于开拓的精神也在指引着新时代青年奋勇向前。最后，让我们怀着对革命先辈们的敬意，一起朗诵《致先辈》（节选）。请两名同学上台领诵，请全班同学起立。

致先辈

领诵 A：打开一百年前的《新青年》

让我们站在你们的面前

领诵 B：感受信仰穿越世纪的灯盏

领诵 A：感受耿烈英魂壮丽的画卷

领诵 B：你们是精神丰碑的凝聚

领诵 A：你们是思想旗帜的招展

全班合诵：我们致敬先辈，我们缅怀先辈

领诵 B：那大刀进行曲中，奋勇杀敌的青年

领诵 A：那化作漫山遍野鲜红杜鹃的青年

领诵 B：那镌刻在人民英雄纪念碑上的青年

全班合诵：我们致敬先辈，我们继承先辈

一个名字，一尊丰碑

一串名字，一代伟岸

达于青春之大道

创建青春之国家

中华民族的复兴

我们就是千千万！

师：人民英雄，永垂不朽！我们一定要铭记烈士们的遗愿，永志不忘他们为之流血牺牲的伟大梦想，用奋斗和奉献担当时代责任，书写时代荣光，在实现中华民族伟大复兴中实现人的价值！

三、学生提问质疑

生：人的价值两个方面是对等的吗？是先贡献再索取还是先索取再贡献？

师：贡献跟索取不是对等的关系。贡献不是为了回报，更不是为了索取，个人对社会的责任和贡献是居于首位的。但同时，一个人对社会的贡献离不开社会提供的客观条件，一个人对社会做出了贡献，社会也一定会认可他，给予回报。社会对他的认可和回报，便使其自我价值得到了实现。

教学反思

本次授课深挖本地红色资源作为情境材料，通过诗词导入、重温历史、角色扮演、倾听故事等增强课堂教学的生动性和体验性，使学生深入领会了哲学意义上人的价值，最后升华主题、回归课题，让学生谈人生价值的实现途径并致敬先辈、铭记历史、展望未来，既加强了学生对人的价值评价标准的认识，又为下一课的学习作了铺垫，还实现了新课程所要体现的政治认同、科学精神等学科素养目标。整节课从我的教学感受和学生的课堂参与度来看，整体效果还是好的，但

也有不足之处。比如问题的预设还可以再精练一点，课堂多引导学生回答问题；师生互动、课堂交流还可以更紧凑一点，学生的参与度不够，集中在个别学生。在以后的课堂实践中要有意识地培养全体学生的参与意识，使得课堂真正地面向全体学生。

24 价值判断与价值选择

玉潭中学　唐誉舒

【教学目标】

必备知识：明确价值判断与价值选择的含义、关系及特点；理解作出正确价值判断与价值选择的标准。

关键能力：理解作出正确价值判断与价值选择的标准，并能落实到生活中。

核心素养：

1. 政治认同：人生真正的价值在于对社会的责任和贡献，要自觉站在最广大人民的立场上，作出正确的价值判断和价值选择。

2. 科学精神：通过学习把握正确价值判断和价值选择的标准，明确人的价值在于贡献。

3. 公众参与：积极创造价值，树立正确的价值观，自觉作出正确的价值判断和价值选择，提高自身素质，为社会做出贡献。

【教学重点】

理解价值判断和价值选择的含义、关系、基本特征。

【教学难点】

如何作出正确的价值判断和价值选择。

一、导入新课

同学们，你有选择困难症吗？有想过破解之法吗？你知道为什么十九届六中全会在总结党百年历史经验时，会把坚持人民利益至上放在首位吗？

（PPT播放相应图片）

今天，我们就一起来寻找破解之法。请同学们打开书本《哲学与文化》第六课第二框"价值判断与价值选择"。如何正确作出价值判断与价值选择？

上节课，我们围绕总议题"价值判断与价值选择"明确了价值判断与价值选择的含义，了解了二者的关系及其三个特点——阶级性、社会历史性、主体差异性。这节课，我们将围绕"如何作出正确的价值判断与价值选择"这一议题，沿着革命烈士石涧湘的足迹来寻找答案。同学们对石涧湘可能比较陌生，我们先简单了解了解。

人物介绍：石涧湘，湖南宁乡人。生在当地富裕农家，家里田土山林众多，雇有很多长工佃户。家里有一位妻子和一个可爱的孩子。

情境选择材料：假如你是石涧湘……

时代背景：在大革命的滚滚洪流下，中国共产党反帝反封建的政治主张日益成为各族人民的共同呼声，党在群众中的政治影响迅速扩大，党的组织得到很大发展，千百万工农群众开始在党的领导下组织起来……

1926年的元宵节，石桥铺（今青山桥地区）河边沙洲临时搭的戏台上，共产党宣讲着成立区农民协会组织的作用和意义。正巧，你在台下听……

A. 台下的你听完后，还是觉得待在相对富足又安全的家里好。

B. 台下的你听得热血沸腾，颇有感触。后来秘密加入了共产主义青年团，走上革命道路，积极参加革命。

你度过了一段安稳自乐的和平时光。1927年，在国民党第35军军长何键的阴谋策划下，驻长沙的国民党反动军官许克祥于5月21日发动了残杀共产党员和工农群众的反革命政变（史称"马日事变"）。他们大肆搜查抓捕革命党人，扰乱了你平静安稳的生活。此时你会……

A1：默默搬家，或是奔走他乡，辗转躲藏以求安稳。

A2：毅然走上救国救民的革命道路。

（学生活动）

选择 A 方案——家里较为富裕，且有妻儿牵挂。

选择 B 方案——大革命背景，打到家门前了，奋起反抗，走上革命之路。

师：为什么同一情境里，大家会有不同的选择？

生：价值判断与价值选择具有主体差异性。

二、知识回顾

的确，价值判断与价值选择往往因人而异。这就要求我们明确价值判断和价值选择的标准，并借助这一标准去分辨什么是对的、什么是错的，应该怎么做、不应该怎么做。其实，通过刚刚的情境选择，我们已经找到了其中一条标准，我们来总结归纳一下。

师：请问，在刚刚的情境中，你作出的价值判断和价值选择是不是凭空产生的？

生：是根据当时的社会情况，时代背景。

师：请问，我们基于对时代大背景的判断，走上革命道路的选择能否实现？我们应不应该走上革命道路？

生：能。应该，因为时代形势所逼。

师：虽然在这个时候，我们还在探索救国救民之路的初期，但后面抗日战争全面爆发，我们每个人都走上了历史发展的必然之路——革命。这就启示我们，要作出正确的价值选择与价值判断就应该……

三、知识归纳

坚持真理，遵循社会发展的客观规律，走历史发展的必由之路。

过渡：那接下来，我们看看这条顺势而为的革命路上又发生了什么。

【情境选择材料】

时代背景："马日事变"之后，白色恐怖遍及湖南。反动派一边杀人，一边嫁祸于共产党。事变后不到一个月的时间里，长沙附近就有一万多共产党员和革命群众惨遭杀害，革命事业受到了严重危害。

走上革命道路后的你，积极参加革命运动。1930 年 9 月，组织安排你回到宁乡，并担任中国工农红军第二十五军第二师联络员，暗中进行情报、物资的收集和转送工作。

B1：家乡反革命势力以丰厚的财富拉拢你，鉴于革命事业推进艰难，你决定顺从，过上吃香喝辣的日子。

B2：虽然你知道要完成这个任务会面临很多危险，但还是尽力去做，坚定信念，坚持到底。

一直在暗中进行情报、物资收集和转送的你，在 1932 年元月底，被叛徒出卖。敌人冲进花园塘，将你抓捕。在监狱中你屡遭残酷刑讯。只要你说出组织的秘密，说出联络员的藏身据点和联络方式就能被释放。

B2.1：受不住严刑拷打，决定说出联络员藏身据点和联系方式。

B2.2：宁死不屈，严守组织的纪律，决不出卖同志，决不背叛组织，决不泄露机密。

（学生活动）

过渡：看来同学们都很坚定，没有忘记当初走上革命道路的初心。这里提到了酷刑，相信同学们也曾了解过。这里展示的酷刑刑具还只是冰山一角，老师简单为大家介绍其中一种：钢板刑罚，用扎满钢针的铁板，往受刑者身上打，等把受刑者打到遍体鳞伤、全身是血的时候，洒上酒精，再拿纱布贴在你身上、后背，等到半干未干的时候，一条一条地撕下来。再回到刚刚的选择，你还会毫不犹豫地选择宁死不屈吗？

（学生活动）

师：还是坚定选择宁死不屈的同学，为你们的勇气点赞。有些动摇犹豫的同学，请不要觉得自己这样的想法有错，每个人的承痛能力不一样，想动摇、有犹豫都很正常。只是，我们要探讨的是：在这种情况下，应不应该屈服。

（学生活动）

总结归纳：不应该屈服。屈服于敌人，换来的结果并不一定是免受刑罚，甚至还会因此损害集体利益，伤害人民感情，使革命成果受到极大威胁，人民企盼的幸福安定也将更加遥远。

这就启示我们，遇到个人利益和集体利益冲突时，我们要勇于牺牲小我，保全大义，维护广大人民利益。在作出正确的价值判断与价值选择时，要坚持以人民利益为标准，要把个人、集体和社会三者利益的统一作为自己选择的标准。要自觉站在最广大人民的立场上。

过渡：情境体验到这里就结束了，刚刚情境中每次面临的选择都是石涧湘烈士的亲身经历。我们再来回看他这一生：1926 年走上革命道路，1932 年被捕牺牲，时年 24 岁。24 岁，真是意气风发的年纪，他毅然选择为民族大义而牺牲，甚至在临终前还不忘叮嘱他的妻子继承自己的遗志，为人民解放而斗争。接下来，我们一起听听他的绝笔家书。

关秀：

我和你结婚仅十四个月，比二三十年恩爱还要好。你年方十六，和我在这危艰条件之下，这样不畏挫折，我很敬爱你。我定死无疑，想你不会牺牲的。我俩同被关押一处而不能相见，未知在这野蛮的刑狱下，将你弄到什么情形？我如今一死而骨肉化成石，但到九泉之下还要作坚决的斗争。我为人民谋解放，为马克思主义而甘心牺牲。革命尚未成功，还有伟大同志在，我希望你用百折不回的精神达到目的，使人民永远脱离封建和侵略。我死后，家当贫，希你得过且过，艰苦斗争度日。小女自立转眼成人，用心培养，可以当子。如若像汝，可以复仇。

关秀呀！我和你永别了！我死后，你在凄惨当中，勿哭勿痛悼我，过十八年再会。谢谢你吧！安葬的物件宜简单，用一匹白大布裹住我的血体就行。

祝你千秋！

夫兄石涧湘血笔

古历三月初二

师：家书中的誓言字字铿锵，一纸绝笔，赤胆柔肠啊！相信同学们已真切感受到了石涧湘烈士坚定的共产主义理想信念和至真至浓的家国情怀。其实，不仅仅是他，还有无数革命先烈在那段苦难的岁月里，毫不犹豫地选择为人民利益而牺牲，始终把人民利益摆在第一位。

四、课堂小结

作为新时代青年，我们要树立正确的价值观，坚定理想信念。在作出价值判断与价值选择时，要遵循社会发展的客观规律，走历史发展的必由之路，这样才能更好地应对前进道路上的风险、挑战。同时，还应自觉站在最广大人民立场上，把献身人民事业、维护人民利益作为自己的最高价值追求。

同学们，承起先辈的遗志，踏浪前进吧！

五、课后作业

作为新时代的学生，如果让你写一封信给石涧湘，你会写什么？（要求 150 字以内或是列出回信提纲）

教学反思

本节课通过情境预设与学生活动的结合，教学任务顺利完成，教学目标基本达成。但仍有改进之处。比如学生活动还应该更丰富些，可以将情境选择的形式打破，以选择方案为立场进行辩论，讨论出在当时的时代背景下应该怎么去作出正确的价值判断与价值选择，进而总结出知识点。最后，情感上的升华还可以朗诵的形式来巩固加强。

25 市场调节

宁乡九中　王晓春

【教材分析】

"市场调节"是高中政治必修二《经济与社会》第一单元第二课第一框第一目的内容。第二课包括两框，另一框"使市场在资源配置中起决定性作用"主要讲述了市场在资源配置中的优势和局限性。而第一目"市场调节"阐述资源配置的必要性和基本手段，着重分析了市场配置资源的具体运行机制及其优点。

【学生分析】

本课属于经济生活知识，学生对商品、价格、供求等名词有接触和了解，对本课的学习有浓厚的兴趣。高一的学生认知能力及透过现象看本质的能力比较欠缺，教师在重难点上应当善于诱导、点拨，帮助学生梳理知识，构建知识体系。

【教学目标】

1. 知识目标

了解资源配置的必要性和资源配置的两种手段；理解并掌握市场配置资源的机制；把握市场调节的优点。

2. 能力目标

能够运用市场配置资源的规律，有序参与经济生活，为宁乡市本地旅游业发展出谋划策，提高学生思考、解决实际问题的能力。

3. 情感、态度与价值观目标

通过对本地红色资源的认识与弘扬，坚定道路自信、理论自信、制度自信、文化自信。

【教学重点】

市场配置资源的机制，市场配置资源的优点。

【教学难点】

市场配置资源的机制。

【红色资源】

1. 伟人刘少奇的事迹：坚持艰苦朴素为荣、铺张浪费为耻。刘少奇本人的衣服穿至破破烂烂，新中国的困难时期，家人和人民群众一样吃不饱饭。由国家领导人刘少奇及其家人的衣食为切入点，使学生更加深刻体会对资源进行合理配置的必要性，以及新中国成立之初采用计划经济体制的合理性，并引出本堂课的核心内容：为什么改革开放后我国逐步确立起市场经济体制，坚持由市场在资源配置中起决定性作用。

2. 结合宁乡市域内一些盛名远扬的红色文化旅游景点，如刘少奇故居、何叔衡故居、谢觉哉故居等，谈应该如何在社会主义市场经济体制下，发展好、利用好这些资源，更好地服务于全国人民。

【教学方法】

讲授分析法、问题教学法、讨论法、合作探究法。

教 学 过 程

一、课堂导入

导入语：改革开放以来，中国经济发展取得重大成就，人民的生活水平越来越高，旅游成了每家每户休闲娱乐的日常追求。宁乡市人杰地灵，英雄豪杰辈出，给宁乡增添了丰富的旅游资源。比如刘少奇故居、何叔衡故居、谢觉哉故居等，每年为宁乡经济做出了巨大贡献，也使得宁乡人民受益匪浅。那么，宁乡作为一个盛名远扬的红色文化之地，在新时代如何发展好、利用好本地的红色资源？这是我们本堂课要进行探讨的问题。接下来我们将观看一个视频，通过了解伟人刘少奇的衣、食，思考资源配置的必要性以及如何有效配置资源。

二、治国有常，而利民为本

播放视频《刘少奇的故事》。（视频来源：中央电视台纪录片《刘少奇的故事》）

视频旁白：

这件蓝灰两色的羊毛衫，是刘少奇任党和国家领导人后，常穿的衣服。袖口和扣眼已经破烂，衣服的里外两面总共有二十多个小洞，就连六粒纽扣也各色各样。他常常说，每一个共产党员，都应该以艰苦朴素为荣，以铺张浪费为耻，即便是国家领导人员的生活水平，也应该接近人民的生活水平，不要过分悬殊。

三年困难时期，物资供应受到严重影响，刘少奇的几个孩子，正在读寄宿学校，在学校里和其他同学一样，只能依靠很少的定量粮食生活。

我们不难想象，一位父亲，看着儿女挨饿的心情，但在刘少奇心中，对孩子们有着更多期许。他希望孩子们也能知道挨饿的滋味，这样，当有一天他们长大了，为人民做事了，就能够吸取这个教训，永远记住，千万不能再让人民吃不饱饭了。

教师提问：同学们，观看完这个纪录片片段后，你们有什么感受？

教师引导：为什么当时作为一个国家领导人，一件衣服会穿得破破烂烂？三年困难时期甚至改革开放以前中国人民吃不饱饭？

学生活动：谈自己的感受。（生产力落后，物资匮乏，而人们的需求又是无限的，相对有限的资源和无限的需求之间的矛盾如何解决？——对资源进行合理配置。）

教师总结知识点：

1. 资源配置的必要性。资源的相对有限性和人类需求的无限性之间的矛盾，要求我们必须合理配置人、财、物等资源，实现资源的优化配置，使有限的资源得到充分的利用，最大限度地满足人类生存和发展的需要。

2. 资源配置的手段。如何优化资源配置？有两种手段。一种是由计划决定资源配置。改革开放以前中国物资极为匮乏，就是实行的计划经济体制，最大限度满足人民的需求。图片展示的就是1969年湖南省的五市斤的粮票。另一种是由市场决定资源配置，叫市场经济体制。这种市场在资源配置中起决定性作用的经济就是市场经济。

三、内化于心，外化于行

过渡：那么，市场是如何配置资源的呢？当今社会，一条信息、一个电话、一次出行……人们在日常生活中的点点滴滴最终都将汇聚成数据海洋。请同学们观察下列数据。

教师活动：展示数据资料。（数据均来自宁乡市人民政府官方网站和凤凰网湖南频道，折线图由教师本人用 WPS 制作）

数据材料一：

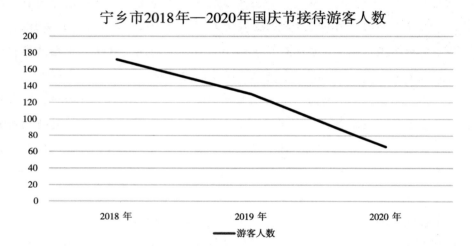

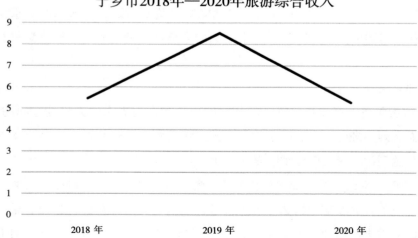

2018 年国庆黄金周，宁乡市共接待游客 171.87 万人次，实现旅游收入 5.47 亿元。宁乡市旅游局在重点旅游景区举办"宁乡好韵味"旅游优秀摄影作品展，覆盖近 50 万人次。

2019 年国庆七天假期，伟人故里宁乡共接待游客 130.2 万人次，实现旅游综合收入 8.52 亿元。

2020 年国庆节、中秋节双节期间，宁乡全市共接待游客 66 万人次，实现旅游综合收入 5.28 亿元。

数据材料二：

2021 年国庆期间，有超 25 万人次到宁乡刘少奇故里，沙田何叔衡、谢觉哉故居等红色旅游景区参观。

教师提问：请同学们说说你所观察到的数据信息。（设计目的：1. 用数据事实让学生真切感受到人们对宁乡旅游业的巨大需求以及旅游业发展对宁乡市经济发展的重要作用。2. 疫情背景下，红色旅游资源对宁乡市旅游业发展的重要意义，一方面，在建党百年之际，全国人民的红色旅游十分火爆，另一方面，受新冠肺炎疫情影响，旅游业受挫。在这样的大背景下，让学生思考：宁乡市的旅游资源要如何推广出去，以获得更多市场青睐。）

教师总结并提问：宁乡市红色旅游资源丰富，吸引了全国各地的游客到这里感受宁乡的红色文化，形成了大量住宿需求，有时花高价都难找到一间房。请同学们结合教材知识与生活实际，思考：

（1）国庆节、五一节等旅游火爆的节假日，红色旅游景点周边的住宿资源是如何调整的？（游客增多，周边住宿紧张，供不应求，住宿价格有所上涨，周边酒店数量增多，很多居民还将自住房改造成民宿，以满足消费者的消费需求。）

（2）近几年，受新冠肺炎疫情影响，宁乡市内的红色旅游业发展面临挑战，景点周边的住宿资源又是如何调整的？（需求相对减少，住宿资源供过于求，酒店、民宿之间的竞争更为激烈。那些制定更好经营战略、管理更好、性价比更高的酒店和民宿能够维持正常营业，但很多竞争力低的酒店和民宿不得不关闭。）

学生活动：学生思考，请两位同学分别来探讨这两个问题。

教师总结知识点：同学们说得都非常好，那么我们大家一起来通过住宿资源的调整来总结一下市场配置资源的机制。

1. 市场配置资源的机制。

市场配置资源主要是通过价格、供求和竞争来实现的。

价格是指商品或者服务的价格，与商品紧密相关的两个群体分别是生产者和消费者，生产者形成供应量，消费者形成需求量。节假日住宿需求剧增，造成住宿市场供不应求，使得价格上涨，商品生产者获利增加，生产扩大。要扩大生产，就必然会增加人、财、物等资源的投入。商品生产者纷纷增加供应量，而消费者的需求量相对减少，导致整个市场供过于求，商品生产者间形成竞争关系，价格降低，获利减少，生产减少，资源流出，并开始新一轮的资源调整。

2. 市场配置资源的优势。

教师总结：那么，由市场进行资源配置有哪些优点呢？请同学们一起来说一说。

第一，市场价格及其波动，能够及时反映供求状况，市场供求的变化也会影响市场价格。

第二，市场竞争能够引导资源流向效率高的领域和企业，推动科学技术和经营管理改进，实现优胜劣汰。

1992年，党的十四大明确提出建立社会主义市场经济体制后，中国经济迎来了新的发展阶段，取得了显著成就。党的十九届四中全会将社会主义市场经济体制上升为我国的基本经济制度，这是一大制度、理论的创新，充分证明了市场经济体制是适应我国当前发展的。

教师过渡：红色资源作为宁乡市发展的重要资源，在全球新冠疫情背景下，如何才能实现更好发展，是一个非常值得探讨的问题。

探究活动：宁乡红色旅游资源的推广，我有话说！

活动议题：接下来请同学们结合本堂课所学的知识，探讨下面这个问题：我们可以采取哪些措施，助力宁乡市旅游业的发展，将宁乡市的红色旅游资源和文化推广到更大的舞台？

活动规则：请同学们分为四组，每组确定一位发言代表，说说你们小组的探讨成果。

活动时间：3分钟。（提示：我们可以从产品和服务的供应者的角度去思考，如何去满足消费者的需求。）

学生活动：讨论，并发表小组讨论成果。

教师活动：肯定学生的建议，对学生的答案进行讲评，并展示教师的建议。总的来说，要根据宁乡本地的特点、红色旅游资源、市场环境、消费能力、交通条件、基础设施等作出合理的规划。而要获得市场的青睐，就必须满足消费者的消费需求。同学们的建议其实也在围绕着这一个核心：供给端要适时做出相应调整，去适应需求端，满足消费者需求，实现供求平衡，推动经济社会发展，提高人们的生活水平，满足人们日益增长的美好生活需要。相信在我们的共同奋斗下，宁乡的红色资源、我们的红色旅游能够更好地服务全国人民。

四、课堂小结

市场调节 {
资源配置的必要性
资源配置的手段
市场配置资源的机制
市场配置资源的优点
}

教学反思

1. 本堂课基本完成了预设知识点的讲解，但由于时间把控能力欠缺，探究活动环节实施得不充分，并且缺少了教师课堂总结，教学环节不完整。

2. 备课不充分。一是对学生的知识掌握程度没把握好。要使学生发现问题、解决问题和现实应用知识的能力提高，课堂设计问题时要更加仔细地去推敲，每个环节的问题都要环环相扣，难度也要层层推进。本堂课设计问题时注意到了问题设置的环环相扣，但问题设置较为简单，没有更深入分析。二是课件准备不充分。比如数据折线图的字体较小、线条不清晰等，学生在教室里看不清数据，备课时应考虑到这个问题，并且做好备案，在课件中加上相应的文字材料。

3. 板书设计欠美观。本次的板书设计较为简单，没有精心设计，呈现效果不是很好。

4. 竞赛活动经验少，容易紧张，在教学过程中语言不够凝练，课堂整体把控的能力有待提升。

怎样作出正确的人生选择

宁乡四中　王勇旗

【教材分析】

历史唯物主义认为社会历史的发展遵循着客观规律，人民群众是社会历史的主体。人们选择目标能否实现以及实现的程度如何，取决于人们的认识是否符合社会发展的客观规律。树立正确的价值观，作出正确的价值判断和价值选择，必须坚持真理，遵循社会发展的客观规律，自觉站在最广大人民的立场上。

【学生分析】

高二学生拥有一定的生活体验，具备一定的逻辑思维能力和是非判断能力。通过前一框题内容的学习，学生对人生价值和价值观有了更深入的理解，初步树立了社会主义核心价值观，具备了一定的学习本课内容的价值观念、品格和能力；但面临价值选择时，学生也会产生各种烦恼与困惑。让学生懂得如何作出正确的价值判断和价值选择，是本节课所要实现的教学目标。

【教学目标】

1. 知识目标

简要理解事实判断、价值判断、价值选择的含义，以及三者之间的关系；掌握如何作出正确的价值判断和价值选择。

2. 能力目标

通过议题式教学法，合作探究，提高自主、合作学习，获取与运用信息及辩证思维能力，树立政治学科科学精神。

3. 情感、态度与价值观目标

树立自觉遵循社会发展客观规律、自觉站在最广大人民立场上作出正确的价值判断与价值选择的思想，增强对马克思主义的政治认同。

由于是片段教学，所以本段教学的最终目的不在于使学生掌握多少细节知识，而是通过本段教学最终让学生学会如何作出正确的价值判断与价值选择，在情感上向革命先烈学习。

【教学重点】

1. 比较直观地理解什么是价值判断和价值选择。
2. 知道如何作出正确的价值判断与价值选择。

【教学难点】

如何作出正确的价值判断与价值选择。

【红色资源】

何叔衡革命事迹。

【教学方法】

议题式教学法、问题教学法、讨论法、合作探究法。

教 学 过 程

一、导入新课

教师与学生进行生活化交流：同学们，在我们的人生当中会面临各种各样的人生选择，不同的人生选择会有天差地别，那么我们怎样才能作出正确的人生选择呢？"读史使人明智。"那我们在作重大选择时就可以去借鉴前人的经验或者优秀人物的经验，从而帮助我们作出正确的人生选择，用我们本节课要学的知识来说就是，帮助我们作出正确的价值判断与价值选择。

教师引导：在我们宁乡本地，就有一位英雄的革命先烈——何叔衡。那么他的革命事迹，他的人生选择，对我们作出正确的价值判断与价值选择有什么样的启示呢？我们能从他的革命事迹中得到怎样的启示呢？这就是我们这节课要探讨的内容。

二、讲授新课

我们的总议题是：从何老的革命事迹中感悟怎样作出正确的价值判断与价值选择，让人生更有意义、更有价值！

环节一：观看何叔衡革命事迹视频《秀才投身革命》。

自主探究议题一：何老作为清末秀才为什么会在 20 世纪 20 年代选择投身革命走上救国救民的道路？

活动环节：学生思考原因，并进行合作讨论。

教师引导学生思考：主观上，受毛泽东等人马克思主义思想的影响，马克思主义是科学的理论，揭示了社会历史发展的客观规律；客观上，当时的社会背景，半殖民地半封建"两半"社会，统治腐败，军阀混战，民不聊生（事实判断），人民对社会现状不满（价值判断），于是何老选择投身革命（价值选择）。

引导学生理解：什么是事实判断、价值判断、价值选择？三者之间有什么样的联系？事实判断是价值判断的基础，价值判断是价值选择的基础，价值选择体现价值判断。

引导学生得出启示一：何老不走封建的老路，信仰马克思主义，顺应历史发展趋势，投身革命，实践证明这样的选择是正确的选择。启示我们要自觉遵循社会发展的客观规律，作出正确的价值判断与价值选择。

环节二：观看何叔衡革命事迹视频《可为革命牺牲一切》。

合作探究议题二：在不同的历史时期，不同的人会作出不同的价值判断与价值选择。面对白色恐怖和反动派的镇压，何叔衡没有丝毫退缩，且教育女儿要抱定舍身忘家的决心投身革命。何老为革命、为人民可牺牲一切，这启迪我们在人生道路上怎样才能作出正确的价值判断与价值选择。

学生活动环节：学生思考，何老的做法是站在谁的立场上？怎样才能作出正确的价值判断与价值选择？

教师引导：革命是革谁的命？是革帝国主义、封建主义、官僚资本主义的命，这是符合广大人民群众利益的，从而说明革命的事业就是人民的事业，投身革命是站在最广大人民的立场上作出的价值选择。

引导学生得出启示二：何老舍身忘家投身革命，为了革命、人民，可以牺牲一切，是站在最广大人民的立场上作出的正确的价值判断与价值选择。启示我们要自觉站在最广大人民的立场上作出正确的价值判断与价值选择。

小结：我们要自觉遵循社会发展的客观规律，要自觉站在最广大人民的立场上，作出正确的价值判断与价值选择，从而回答总议题所提出的问题。

教师问：同学们掌握了吗？我们应该大体明白了怎样才能作出正确的价值判断与价值选择。

升华：我们从何老的革命事迹中学到了如何才能作出正确的价值判断与价值选择。在革命年代，何老选择投身革命是遵循了社会历史发展的客观规律，是站在最广大人民群众的立场上作出的正确的价值判断与价值选择。那请同学们思考，生活在新时代，你们在今后的人生道路上怎样才能作出正确的价值判断与价值选择呢？

进入课堂说一说环节：生在新时代，没有了革命年代的血雨腥风，我们是幸福的。请说一说，新时代的你，今后想要过怎样的人生，并说一说你要选择这样的人生的原因。

师生互动环节：学生说自己想要选择的人生及理由，教师引导学生判断，是不是站在最广大人民的立场上和遵循社会历史发展的客观规律作出的选择。如果是，则肯定他的选择；如果仅从个人角度或是有违社会发展规律角度作出的选择，则引导其向何老看齐，从而作出正确的价值判断与价值选择。

教师引导学生感悟：生在新时代，我们要坚持以人民为中心，遵循历史发展客观规律，积极投身于中国特色社会主义建设的伟大事业，致力于实现中华民族的伟大复兴，以此为己任，才是新时代正确的价值判断与价值选择。

小结：何叔衡革命事迹给我们的人生启迪（齐读）

在人生道路上，我们要自觉遵循社会发展的客观规律、自觉站在最广大人民的立场上作出正确的价值判断与价值选择。在新时代，我们要坚持以人民为中心，积极投身于中国特色社会主义的伟大实践，致力于实现中华民族的伟大复兴。这样才是有意义、有价值的人生，才会不负韶华、不负青春，无愧于历史，无愧于时代，无愧于人民！

祝愿同学们在以后的人生道路上，能真正作出正确的价值判断与价值选择即人生选择，让人生更有意义，更有价值！

三、课后作业

2020 年 2 月 23 日，统筹推进新冠肺炎疫情防控和经济社会发展工作部署会议在北京召开。习近平总书记出席会议并发表重要讲话指出，中国人民在疫情防控中展现的中国力量、中国精神、中国效率，展现的负责任大国形象，得到国际社会高度赞誉。

中国精神予人奋进希望。一方有难，八方支援，这是中华民族的传统美德。面对疫情，全国上下迅速打响了疫情防控的人民战争、总体战、阻击战。同舟共济、百折不挠，这是中华民族的力量源泉。每当遇到困难，万众一心、团结奋进就成为熠熠生辉的精神力量，激励我们攻坚克难。在历次重大灾害面前，中华民族众志成城，空前团结，在中国共产党的带领下取得了一个又一个胜利。

中国精神凝聚中国力量。在一次次奋不顾身的"逆行"中，中国精神是守望，也是希望；在一次次坚守履责中，中国精神有超越，也有成就。投入全部精力、无私无畏奋战在抗击疫情一线的白衣"战士"在履行责任；保持平常心态、坦然从容生活着的普通市民也在履行责任；坚守岗位、敬业尽职是履行责任；捧出爱心、慷慨援手是履行责任；集中优势开展攻关，科技助力疫苗研发也是履行责任。敬业与奉献的价值追求中，有共产党人的担当，也有普通人的梦想与参与。

运用"价值判断与价值选择"的知识，谈谈你对最美"逆行者"价值选择的理解。

【板书设计】

从何叔衡革命事迹中感悟怎样作出正确的人生选择

总议题：从何老革命事迹中感悟怎样作出正确的价值判断与价值选择，
使人生更有意义、更有价值

事迹一：秀才投身革命，原因。议题一得出：遵循社会发展客观规律

事迹二：可为革命牺牲一切。议题二得出：站在最广大人民立场上

何叔衡革命事迹得出人生启迪！

教学反思

在教学前，我通过深入了解何叔衡革命事迹发现，何老作为清末秀才，可以说在那个时代有了一定功名，但却毅然决然走上了革命的道路，这种选择，是顺应社会历史发展趋势，符合封建社会必然走向灭亡、社会主义是前进方向的历史发展客观规律，符合广大人民群众的利益，是站在广大人民群众的立场上作出的选择，与教材中价值判断与价值选择的知识有很强的联系。

在教学中，我以宁乡本地的红色资源何叔衡革命事迹为课堂情境背景，一例到底，很好地将何老的革命事迹与课堂教学相融合，基本达到了思政课所要求的立德树人的根本目标。讲课过程中我基本上做到了以学生为主体，以学生发展为本，引导学生积极主动参与到教学中来，激发学生的学习兴趣，师生在教学中平等交流、共同探讨问题，所以，整个片段教学基本取得了预期的教学效果。

但整堂课下来，我也感觉到存在着不足和疑惑。不足表现在：（1）时间不够，课堂的高潮升华部分没给学生足够的时间发挥和讨论，说明课堂设计的容量太大，主次没有分清楚。（2）由于是片段教学，备课之初就没太多考虑落实知识，而是想着要得出一个最终的道理，与学科目标的要求不太符合。（3）课堂欠缺活跃气氛的小活动，比如情景剧等，没能足够调动学生的积极性和学习情感。同时也有疑惑：（1）在片段教学中，落实知识与情感升华孰轻孰重？怎样才能将两者有机统一？（2）在片段教学赛课中，是否应该设置情景剧等这样的环节？这样的环节设计对实际的教学有何作用？怎样才能形成可复制可推广的经验？（3）提到了宁乡红色资源，是否就符合将红色资源融入课堂的应有之义了？（4）红色资源该如何界定？比如1949年以后的事迹，是否属于红色资源的范畴？

更好发挥政府作用：社会主义市场经济体制的基本特征

27

宁乡一中 文 静

【教材分析】

《更好发挥政府作用：社会主义市场经济体制的基本特征》主要内容有四点：1. 坚持党的领导。2. 社会主义制度与市场经济有机结合。3. 以共同富裕为根本目标。4. 科学的宏观调控、有效的政府治理。

【学生分析】

都是高一年级学生，对社会主义市场经济体制比较陌生，概念和特征性的东西不容易理解透彻，需要针对性案例深入浅出引导其进行探讨。

【教学目标】

1. 知识目标

识记社会主义市场经济体制的基本特征，明确党的领导、共同富裕、公有制与市场经济相结合、集中力量办大事等是社会主义市场经济体制的重要特征。

2. 能力目标

能够运用市场经济体制基本特征分析经济态势，明确经济社会发展中政府和市场的作用。

3. 情感、态度和价值观目标

增强学生对党的领导作用的认识，引导学生树立社会主义制度自信。

4. 核心素养目标

（1）政治认同：增强学生对党、国家和社会主义的认同感。

（2）科学精神：了解政府经济职能之一为科学的宏观调控，为下一课学习运用宏观调控的经济政策服务和发展国民经济打下基础。

（3）公共参与：可以关注每年关于本年度的经济政策的重大会议，分析这些经济政策出台的依据。

【教学重点】

社会主义市场经济体制的基本特征。

【教学难点】

社会主义市场经济体制的基本特征。

【红色资源】

宁乡花明楼：红色文化滋养初心，红色资源助力发展。

【教学方法】

自主学习、合作探究。

教 学 过 程

一、导入

学生念打油诗《趣话花明楼》，教师附和一首《题十一假期》：革命故里客无数，游人重走游学路。红色印记潮汹涌，花明景区花团簇。

问：湖南宁乡红色文旅产业为何能如此花团锦簇？（哪些因素发挥了作用？）

市场魅力！政府助力！——统一于社会主义市场经济。

从红色小镇花明楼经济发展，一起来探讨"更好发挥政府作用：社会主义市场经济体制的基本特征"。

宁乡市十四五规划，把花明楼摆在乡镇区域规划首位，具体该怎么做呢？

议题：赋你惊天之才，如何打造花明楼三湘第一镇？

讨论 3 分钟，学生发言，教师适时引导学生得出措施及积极影响。

教师展示视频《宁乡花明楼：红色文化滋养初心，红色资源助力发展》，引导学生提取视频信息。然后根据提取的视频信息，推导出措施所反映的社会主义市场经济体制的基本特征。

知识总结：市场经济基本特征

1. 坚持党的领导。

2. 社会主义制度与市场经济相结合。

3. 以共同富裕为根本目标。

4. 科学的宏观调控、有效的政府治理，集中力量办大事。

课后练习

1. 社会主义市场经济体制既有共性，又有自己的基本特征。以下属于其基本特征的是：

A. 坚持公有制主体地位是社会主义市场经济体制的根本目标。

B. 坚持党的领导是我国社会主义市场经济体制的一个重要特征。

C. 宏观调控是我国社会主义市场经济体制优势的内在要求。

D. 促进全体人民共同富裕是社会主义市场经济体制的基本标志。

解析：实现共同富裕是实行社会主义市场经济体制的根本目标，市场调节和宏观调控是市场经济的一般特征。科学的宏观调控、有效的政府治理是我国社会主义市场经济的基本特征。公有制为主体是社会主义市场经济的基本标志。选 B。

2. 2021 年"十一"假期，宁乡市认真贯彻省委精神，统筹疫情防控和文旅行业发展大局，推动"红色文旅年"活动与党史学习教育深度融合。据统计，假日期间，花明楼景区共接待游客约 13.6 万人次。在疫情冲击和逆全球化趋势下，红色旅游经济的成就更加彰显了社会主义市场经济条件下宁乡市宏观调控的强而有力。我国宏观调控之所以强而有力是因为：

①社会主义市场经济以共同富裕为目标。

②科学的宏观调控、有效的政府治理，能够集中力量办大事。

③把社会主义制度和市场经济有机结合起来。

④坚持党的领导，发挥党总揽全局的作用。

A. ①②　　　　B. ①③　　　　C. ②④　　　　D. ③④

解析：选 C。

教学反思

1. 给学生播放视频时，可适时提醒关注视频重点信息。
2. 板书设计感不强。

品味宁乡文化　坚定文化自信

宁乡四中　周　斌

【教材分析】

"坚定文化自信"是高中统编版教材必修四第三单元第九课最后一框题"文化强国与文化自信"中的一目，本节课主讲的知识点为文化自信的底气和坚定文化自信的措施两个内容。

【学生分析】

很多学生受外来文化思想影响较大，坚定对中华优秀文化的自信尤为重要。本堂课从宁乡文化出发，通过品味宁乡文化（特别是宁乡红色文化）的丰富多彩，来增加文化自信的底气，并思考如何坚定文化自信。学生热爱自己家乡的文化，通过乡土之情激发爱国之情，坚定中华文化自信。

【教学目标】

1. 知识目标

了解中华文化自信的底气并知道坚定文化自信的措施。

2. 能力目标

能从宁乡丰富多彩的文化中领悟中华文化的力量，在各种实践活动中坚定文化自信。

3. 情感、态度与价值观目标

通过积极参与课堂和实践活动，激发乡土之情、爱国之志，并能坚定对中华优秀文化的自信，传承宁乡文化、讲好中国故事。

文化自信的底气和措施。

文化自信的底气。

刘少奇、何叔衡、谢觉哉故居。

问题教学法、创设教学情境法、讨论法、合作探究法。

教 学 过 程

一、导入新课

教师提问：说起文化名城，你会想到哪些城市？刚刚你们说到宁乡，肯定是对家乡文化特别了解，特别自信。

教师过渡：假设我是一位外地游客，想要探寻宁乡文化胜地，你会推荐我去哪里？为什么？

学生推荐：炭河里古城、刘少奇故居、黄材等地。

教师引导：同学们的精彩介绍激起了我的向往，让我们一起来寻找灿烂辉煌的宁乡文化，请欣赏。

板书：一、寻找

二、讲授新课

（一）寻找宁乡文化

播放视频：《宁乡声音》

教师引导：同学们，咱们的宁乡文化有什么特点？

学生：丰富多彩。

（教师板书：丰富，红色）

教师补充：视频中灿烂丰富的宁乡文化，令人心驰神往。我特别钟情于宁乡的红色文化。为更深入了解红色文化，我追寻革命的脚步，先后参观了刘少奇、何叔衡、谢觉哉故居。老师是一个非常注重仪式感的人，每经一个红色文化圣地，都要穿上旗袍进行沉浸式体验。我胸前还别着上次去刘少奇故里买的纪念徽章。当然，我也从中感受到了革命先人的精神伟力：少奇同志"蚂蚁啃骨头的精神"鼓舞我攻坚克难；何叔衡37岁入新学激励我砥砺奋进；谢觉哉的"焦官"思想时常提醒我"身正为范"。

（二）感悟文化自信

教师陈述：通过多次的探寻，我感悟到，宁乡历史悠久，底蕴丰厚。作为一个宁乡人，你有何感想？宁乡文化自信的底气在哪里？

（教师板书：二、感悟）

学生回答：文化资源丰富。

教师追问：影响宁乡文化的因素有哪些？

学生：经济政治决定文化，宁乡人杰地灵。

教师启发：宁乡人的文化是如何创造出来的？

学生：在实践活动中创造出来的。

（教师总结并板书：文化、经济、政治、实践）

教师过渡：宁乡作为一个历史悠久的现代化名城，是中国灿烂文化的缩影。

（图片展示）

教师提问：这两幅图说明中华文化的自信离不开什么？

学生：经济。

教师：从图中你能得到什么信息？

学生：中国经济位居世界第二，各国看好中国经济发展前景。

教师：从这三幅图中你能得到什么信息呢？

学生：我们坚持党的领导、人民当家作主和依法治国的有机统一，社会主义民主政治不断发展。

教师总结：经济和政治等各方面的发展，使中国的综合国力不断增强。

（图片展示：孟晚舟回国）

教师陈述：孟晚舟回国的背后有一个强大的中国，这个强大的中国取得了许多世界瞩目的成就。如新"四大发明"、华为的 5G 技术等，都让世界各国羡慕（有的国家嫉妒、愤恨）。中国脱贫攻坚的胜利对全球脱贫做出了巨大贡献。这些都增强了我们中国文化自信的底气，也让习总书记感到自豪。下面让我们一起齐读习总书记的这段话：

当今世界，要说哪个政党、哪个国家、哪个民族能够自信的话，那中国共产党、中华人民共和国、中华民族是最有理由自信的。

（三）坚定文化自信

我们是最有理由自信的。请同学们从文化自信的底气思考，我们该如何坚定文化自信？

（教师板书：三、坚定）

学生齐答：大力发展经济，完善社会主义民主政治，坚定对中华优秀文化的自信，投身于中国特色社会主义的实践。

（教师丰富板书：在感悟与坚定之间画上中括号，厘清课堂结构）

教师过渡：投身于实践，就是要在学习生活中坚定文化自信。我们有自信、有底气，就更应该勇担时代大任，做中华文化的传承者。我曾经被这样一个视频震撼。

（播放视频：四川女孩穿汉服惊艳各国友人）

教师提问：同学们都被视频中美丽的中国公主吸引，从你们的眼神里我看出大家都非常羡慕这个四川姑娘，其实你们也可以像她一样传承中华文化。结合咱们一中的实践活动思考，你们为传承中华文化做过什么？开展了哪些活动？

学生：穿汉服参加表演、学习优秀传统文化并开展实践活动，等等。

教师：同学们的介绍让我感到你们的校园学习生活丰富多彩。你们是不是也想了解宁乡四中的学生在传承中华文化方面做了哪些活动？

（图片展示）教师展示图片并陈述：

第一幅图是同学们在刘少奇故居开展党史学习实践活动的照片；最后一幅图片是他们在成人礼上身着汉服，写下自己的成长誓言。

除了这些，我们还能做什么？老师在这里为大家找到了一个展示的机会。

（快闪征集活动）

宁乡一中团委开展以"传承宁乡红色基因，坚定中华文化自信"为主题的快闪作品征集活动。请选择宁乡某一红色文化基地，实地拍摄一段形式新颖的短视频（可结合舞蹈、歌曲等形式进行）。

请同学们为快闪活动设计一份方案，并利用假期拍摄作品上交至团委。

学生活动：学生探讨并表达自己的创意。

……

教师总结：同学们的创意很不错，拍摄的时候记得找我当群演，我也要为传承宁乡红色文化出一份力。这节课和大家一起寻找了宁乡文化，感悟到了宁乡文化自信的底气，从而更加坚定了文化自信。相信下一次，大家为外地游客介绍家乡文化的时候，会将宁乡文化、中国故事讲得更出彩，更自信！

教学反思

在此次教学设计中，我将课堂内容分为寻找宁乡文化、感悟文化自信和坚定文化自信三个方面。从设计理念上来说是想引导学生从感性认识上升到理性认识，然后从理论又回到实践。在传承宁乡红色文化方面，我身先示范，佩戴了少奇同志的纪念徽章。总的来说，这堂课既有乡土之情，又有爱国之情，既有理论知识又有社会实践，贴近学生生活，学生参与积极，课堂氛围好。但也有一些不足的地方：

（1）选材切口要精细。原本为了呈现宁乡文化的丰富多彩，我播放了一个视频《宁乡声音》，后来又以图片的形式带学生体验了宁乡的红色文化基地刘少奇、何叔衡、谢觉哉故居。后来，我发现很多参赛选手都只选择了某一个红色经典人物讲述，反而显得我的选材宽泛。以后在竞赛课中要尽量一例到底。

（2）时间把握要得当。从授课的时间来看，我有一点超时，但是还好没有超过一分钟，是可控的。但这使我在价值观的升华部分讲课受到了影响。原本我打算在最后一个环节，奖励徽章给快闪活动设计有创意的学生，但由于时间问题没有实行。评委没有感觉到我身先示范传承宁乡红色文化的授课设计意图。

（3）授课环节要优化。我的课堂以导游身份开始，最后总结中又做到了首尾呼应。如果授课中知识点的环节更加精简，去掉坚定文化自信的措施，专门攻克学生如何在生活中坚定文化自信，那么最后一个快闪活动征集的环节就可以让学生充分发挥自主性，让他们能在参与中感受到乡土之情，懂得如何用自身行动践行报国之志，坚定文化自信，讲好中国故事。

（4）上课形式要新颖。在此次观摩竞赛的活动中，我发现很多选手将辩论赛、话剧表演、朗诵等形式带入了课堂，既能激发学生的学习兴趣，又能通过共情达到价值观的引领作用。反观自己，虽然让学生自由探讨了，但是形式比较单一。农村高中也要努力学会创新，想出一些新点子，激活政治课堂。

29 知校史　学党史
——致敬"两弹一星"元勋周光召院士

宁乡一中　尹　淼

【活动主题】

参观校史馆，介绍周光召院士的事迹，感悟"两弹一星"精神。

【活动目标】

学生感悟"两弹一星"精神，自觉认同红色文化，筑牢理想信念之基。

【活动重点】

参观宁乡一中校史馆中陈列的周光召院士的"两弹一星"功勋章，教师讲授周光召院士的事迹，学生感悟学习"两弹一星"精神，凝练政治认同与理性精神的核心素养，筑牢理想信念之基。

【活动难点】

学生人数较多，兼顾教学形式的生动性与落实教学效果难度较大；

周光召先生的事迹素材筛选及把握难度较大；

如何引导学生从周光召院士的事迹中获取感悟，让活动成效最优化。

【资源内容】

1. 周光召院士向宁乡一中捐赠的"两弹一星"功勋章；

2. 宁乡一中校史馆内对周光召院士事迹的介绍；

3. 央视播放的周光召院士事迹相关纪录片。

【精神实质】

以周光召院士为代表的"两弹一星"元勋们身上热忱的爱国情怀、求索真理的科学精神，勇于担起民族复兴的历史使命，对当代学子有着巨大的精神感召作用。

【活动设计】

环节一：抵达周光召捐赠"两弹一星"功勋章陈列处，教师向学生阐述宁乡一中与周光召院士的渊源。

环节二：引导学生认真参观校史馆内对周光召院士事迹的介绍，教师结合相关素材，向学生系统介绍周光召院士的人生轨迹及伟大事迹。讲述事迹时重点介绍一些能体现周院士身上一名爱国科学家特质的小故事，以小见大。

环节三：邀请一名学生为其他学生朗读周光召院士在"两弹一星"功勋章捐赠仪式上对宁乡一中学子的寄语。

环节四：引导学生结合周光召院士的事迹，以及他对宁一学子的寄语，发表自己的感悟。

环节五：教师对学生发言进行总结，并进行情感升华，结束本次校史馆参观活动。

【活动过程】

环节一：抵达周光召捐赠"两弹一星"功勋奖章陈列处

师：各位同学好，今天我们来到了咱们学校的校史馆。在这里大家可以看到陈列着一块"两弹一星"的功勋章，这枚奖章的主人是周光召先生，他是当年23位"两弹一星"功勋奖章获得者之一。之所以这枚奖章会出现在这里，是因为周光召先生是宁乡人。在2003年的时候，他选择将这一枚奖章捐赠给了宁乡一中，这也包含了周光召先生对咱们学校的学子的期许和鼓励。既然咱们学校和周光召院士有着这么深的缘分，今天我们就一起来聊一聊周光召先生的事迹。

环节二：教师介绍周光召院士事迹

师：好，那么我想先跟同学们来分享一下我所了解的周光召院士。在这里我准备了几张图片，我们一起来看一下。

第一张图片是在1959年新中国成立十周年的庆典上，赫鲁晓夫对毛泽东说，苏联即将停止对中国的核武器的援助工作，这就意味着我们国家在科技人才本来就紧缺的情况下将面临更加困难的局面。而这个时候一封来自苏联的回国申请报告缓解了难题。这份报告的主人就是当时还在苏联一家核研究所工作的周光召先生，这里有一张他和同事们的合影。当时周光召先生已经在他所工作的领域里崭露头角，大家可以看到当时他也是风华正茂，他所研究的项目甚至有望获取诺贝尔奖，可他还是毅然选择归国。在回国之后他立即加入到原子弹的研制工程。我们都知道，原子弹是在西北大戈壁研制的，那个时候有很多科学家和周光召先生一样隐姓埋名，在那里默默奉献，攻坚克难。我们都知道这个过程非常艰辛，最后终于迎来轰动世界的那一天——我们的原子弹爆炸了！大家知道是哪一天吗？

生：1964 年 10 月 16 日。

师：在研制的过程中，其实周光召先生也有很多为人称道的小故事。比如说他曾经对苏联专家留下来的数据提出质疑，他觉得那个数据是有问题的，所以他就用自己所学的科学知识进行新的验证，最后成功打破了国内对苏联权威专家留下来的数据的盲目迷信。除此之外，在原子弹试爆前夕，周光召先生和众多科学家一起，不分昼夜地对试爆数据一个个进行核验，最终确保了试爆工作的顺利进行。时间到了 1999 年，周光召先生被授予"两弹一星"的功勋奖章，四年之后就有了我手上的这张图片。大家可以看到左手边是我们的欧阳才校长，而右边就是我们的周光召院士。他把这枚奖章捐赠给了宁乡一中。在捐赠会上他发表了一段让人印象非常深刻的讲话，现在我想请一位同学来为我们朗读一下其中的几个小片段。

环节三：学生朗读周光召院士寄语

第一次知道我可能要参加工作的时候，我是在一个地方进行基础的研究工作。本来的工作和"两弹一星"是毫无关系的一个工作，国家发出了要我们改行从事"两弹一星"的这种召唤，这样我们需要完全来重新安排自己的生活道路，这就改变了我今后的一生。只有一种对祖国的热爱、对人民的热爱，才能够保证你们在人生的每一个转折的关头都作出完全正确的选择。这种选择的意义在当时并不是非常清楚，但是到后来就变得越来越清楚了。我把这一生最珍贵的所得到的奖章拿回来贡献给宁乡最好的学校。它代表的是几十万参加过"两弹一星"的科技人员、工人和解放军。我想他们的一个共同心愿，是要使得这种精神在我们年轻的一代中间能够不断地发扬，不断地壮大。我想再过几十年，在今天的台上一定会有一中的校友们在这里，向未来的同学们汇报你们在振兴中华时代所做出的丰功伟绩。我祝你们成功，谢谢。

环节四：学生发表感悟

师：好，那么听完刚刚周光召先生的事迹，还有他对同学们的寄语，同学们有怎样的一些感悟？接下来的时间交给大家。

发言学生1：听完周光召院士的事迹，我被他作为一名中国共产党员所展现出来的精神特质深深打动了。无论是刚开始的数据测算，还是试爆前的紧张筹备，他时刻冲锋在前，为我国的"两弹一星"事业立下了不朽的功勋。我认为他的一生真正实践了为中国人民谋幸福、为中华民族谋复兴的初心和使命。

发言学生2：听了尹老师刚刚讲的事迹，我们知道了周光召爷爷他放弃了耕耘已久的科研成果，毅然回到了祖国。我从他身上感受到了祖国利益高于一切的爱国情怀。在他们的科研成果中，令我感受最深的是他们的万众一心、团结协作，以及他们勇于质疑权威。作为新时代的青少年，我们是圆梦的一代，我觉得我们应该要学习和弘扬科研工作者身上的"两弹一星"精神，承担起祖国复兴的大任。

发言学生3：听完各位同学的感悟，我觉得周光召先生的形象在我心里越发立体，它就像一束光照耀在新中国建设的里程上，令人感动的是这束光始终记得他的来处。他回到国内，担当起科研攻关的重任，完成了一个共产党人的使命。今天我们在这里重温了他的故事，我们仍然能够从中感受到这束光的温暖。我觉得我们最应该做的是把这份温暖传递下去。我相信在我们的行动中，中华民族精神必将薪火相传，越来越旺。

发言学生4：我认为周光召先生他真正做到了自觉地站在人民的立场上，实现了自己的社会价值。我有一句很喜欢的话："冀以尘雾之微补益山海，荧烛末光增辉日月。"我们中国少年也应该像周光召先生一样，把个人的理想同中华民族伟大复兴的梦想紧紧相连。

发言学生5：听过了周光召院士的事迹，我想到了我太爷爷的事迹。我的太爷爷他是一名抗美援朝的老兵，曾经参加了朝鲜战争，他在战场上也建立了一系列的功勋，得到一枚一等功的奖章。而周光召院士他在大西北数十年如一日，含辛茹苦，风餐露宿，也拿到了属于他的那枚奖章——"两弹一星"勋章。他们都为了祖国而奋斗，体现了一名共产党员的奋斗精神。而在后来周光召院士把他的那枚奖章捐给了宁乡一中，这也体现了他的无私奉献的精神。我觉得他们都是新中国的英雄，都是民族的英雄，都是真正的勇士。有了他们，我们才有了现在和平而幸福的生活。

环节五：教师总结

师：好，听完同学们的所思所感所悟，我觉得这一节课已经实现了它的最大价值。习近平总书记曾经这样寄语青年人，他说："时间之河川流不息，每一代青年都有自己的际遇和机缘，都要在自己所处的时代条件下谋划人生、创造历史。"我们现在拥有了这么幸福的生活，但与此同时我们的新征程还在路上，所以各位青年人，我们一起努力吧！我们要以青春之我，创青春之家庭！青春之国家！青春之民族！

教学反思

本活动可取之处：本次活动突破传统课堂模式，以实地参观校史馆的模式将宁乡特色红色资源引入活动思政课程，营造了良好的党史学习氛围，突出学生主体地位，落实了党史育人目标。

存在的问题及改善措施：周光召的事迹是由教师整理口述的，此过程学生参与度不够。可以在素材搜集阶段充分发挥学生的主动性，让学生积极搜集相关素材，然后课堂上由学生来讲述他（她）眼中的周光召院士，这样可以提高学生的活动参与感，也能更好地激发学生内心的情感价值认同。

30 感悟伟人学习精神　激发青年求索斗志
——少奇故居特色文化资源在培养学生刻苦学习精神方面的思政微课案例分析

宁乡四中　孙科敏

【微课设计原因分析】

（一）现实情况

1. 资源条件

宁乡四中坐落在花明楼镇，距离刘少奇同志纪念馆只有 3.6 公里，有得天独厚的地理位置。

2. 问题导向

学生现在接收各种信息的渠道越来越多，手机也是屡禁不止，容易受到不良思想影响。在我的班级，我发现很多学生在遇到学习困难时，没有正确的态度来应对，更没有探索知识、追求真理的坚定信念，甚至消极懈怠，急需一次思想教育给予学生正确引导。

（二）积极意义

1. 有利于充分挖掘本地红色资源的时代价值。据我观察，真正了解少奇同志的人在少数，对少奇同志的故事如数家珍的学生更少。这很难真正发挥出少奇故里红色资源的重大教育价值。因此，希望通过对少奇故居红色资源的深度挖掘和研究，结合教学实际，用身临其境的方式来为学生展示我们党历史上的峥嵘岁月和生动故事，使学生从中汲取力量，让革命文化焕发生机活力，彰显时代价值。

2. 有利于培养学生正确的大局观、历史观。革命文化是教育教学取之不尽的宝贵资源，学生这个时期的身心特点相对复杂，对于主旋律文化，他们缺乏体验，很难积极主动地去从革命文化中汲取营养来指导自己的学习和生活。视野的狭窄，限制了他们的思维。没有正确思想的指引，在学习的路途上，遇到困难时，他们便会因为失去方向、失去标杆而感到迷茫。通过微课设计，把他们遇到的困难与伟人学生时代遇到的困难联系起来，让学生了解到先烈在遇到困难时是如何应对的，以此来指导自己的实践。将学生的学习动力与国家的前途命运联系起来，有利于帮助他们树立正确的大局观和历史观。

【微课制作过程】

一、前期设计和准备

1. 研读方案，理清要求。认真研读宁乡市"党史微课"方案的文件，明确微课的指导思想和具体要求，在关键的地方标记，并与指导老师一起讨论。

2. 确认使用的红色资源。宁乡四中离刘少奇故居最近，离其他的红色研学地相对较远，组织学生多有不便。虽然学校开展过很多次在故居的活动，但是刘少奇故里的红色资源非常丰富，我相信一定还有没被挖掘出来的内容，因此我坚定地选择了少奇故里作为教学素材。

3. 阅读资料，确定主题和切入点。明确方向后，我开始大量阅读关于少奇同志的文献资料并观看央视相关纪录片。我发现，少奇同志青少年时期对于学习如饥似渴、废寝忘食和克服困难的决心，以及在革命时期、新中国成立以后，一直保持的良好学习习惯，恰好可以有针对性地给学生一点思考和启发。

4. 确定微课形式。经过思考，我希望最终的微课不仅能带给宁乡四中的学生一些思考，而且能传播得更远，给有同样问题的学生以启发，用以指导他们的学习。所以，最后我选定了既直观又能满足学生好奇心的情景剧式的视频微课形式。

5. 选定学生，共同创作脚本。作为微课的主体，学生必不可少。我利用放月假前的时间，选定了我高三班级的十名学生，并且邀请他们参与到视频脚本的创作中来。大家的积极性很高，很快创作出初稿，确定了十位同学的分工，对脚本反复打磨，最后定稿。利用月假的时间，加强练习，熟悉剧本。

6. 请专业的摄影团队。

二、微课拍摄和制作

1. 视频素材拍摄。

2. 后期视频制作。

三、经验总结

（一）可取经验

1. 思路清晰，目标明确

作为此次党史微课视频的主要策划和设计者，我发挥政治教师逻辑严密、思路清晰的优势，对此次活动进行了详细的流程设计。首先，把先做什么后做什么整理出一个大致的框架，再去完善每一个框架的细节。其次，实施计划，并根据实际情况做相应调整，以达到能力范围内的最好效果。在整个过程中，我始终都有明确的目标，终极目标是通过讲述少奇同志年少时期如何克服困难，刻苦读书来影响、启发学生，同时探索红色资源应用于思政课教学的新形式。

2. 学生参与，民主集中

民主集中制，不能只体现在书本上，也应该体现在我们组织各种活动的实践中。在课本中，学生理解了民主集中制原则，但没有什么比学生能在活动中体会我们国家的这种政治优势来得更实在。邀请学生参与创作视频脚本，充分尊重学生们从自己的学习生活出发提出的意见建议，在此基础上形成统一的方案，同时整个创作的过程又在根本目标的指导下展开，让学生充分体悟到民主集中制的原则，在提高效率的同时又保证了民主的特点，也符合政治教学的特点。

3. 小口切入，贴近实际

刘少奇同志是我国伟大的无产阶级革命家、政治家、理论家、思想家，在他的一生中，留下了宝贵的精神财富。从革命时期的工会运动、抗战时期的党建理论、新中国成立以后对国家治理的种种思考等方面，都体现出一个无产阶级革命家的理想信念、忠诚担当、人民情怀。这里有无数个故事可以作为我们开发红色资源的切入点，单从对教育的积极引导作用方面就数不胜数。尤其是他青年时期学习、求索过程中的故事，对于学生学习实际的引导是最具针对性的。

4. 团队合作，后勤保障

一个人解决不了所有的问题，拍摄的过程中充满了各种变数和具体的实际操作问题。在想象中我认为很容易的事情，但实际上操作起来有一定难度。这次，除了有同事帮助我修改脚本，还有我的指导老师不仅在活动设计上给予指导，更是在后勤保障方面做足了准备，推动了拍摄的完成。在学校各部门的通力合作之下，微课视频最终顺利呈现出来。团结协作、务实进取的团队，于个人来说是非常重要的平台。

（二）不足与改进措施

1. 未充分考虑纪念馆闭馆时间

因前期我的视频素材拍摄耗费了大量的时间，拍完已近下午4点，等另外一位同事在故居的场景拍摄完，再把学生、器材、道具都从故居转移到纪念馆拍摄，已经太晚。而纪念馆的开闭馆，涉及部门太多，马上在这里拍需要的素材不现实。本来定下一天就要拍摄完成的任务，不得不第二天补拍。因此，以后的工作必须尽可能地考虑周全，在此基础之上，结合工作的轻重缓急合理安排。

2. 未提前与摄影师沟通脚本

因没有提前将脚本发给摄影师讨论，以致拍摄的当天上午10点多的时候，我们还在研究脚本的可行性，而摄影师对我们的微课视频需要达到的效果也未提前知晓，认为拍摄很简单，实际我们的要求与他的预想不符，这个环节降低了沟通的效率，也在一定程度上拖慢了进度。因此，以后做任何工作，如果涉及合作和协调，一定要提前沟通，在基本流程问题上达成共识，高效率推进工作。

3. 教师表情过于严肃，缺乏亲和力

类似这样传播类的视频，教师的教态应让人易于接受，要成为一名真正了解学生、贴近学生的教师，更加需要亲和力。学生亲其师，才会信其道。因此，未来很长一段时间，我应该有意识地去纠正自己这种给人过度距离感的无意识行为。

奋斗百年路，启航新征程。中国共产党已经走过百年历程，斗争、求索、奋进，恰是风华正茂。我们每一个人都应努力坚守岗位，坚定理想信念，勇挑责任重担。作为一名青年政治教师，不断探索将红色资源与课堂深度融合的新形式、新路径，培养社会主义合格接班人，是我们能为国家的繁荣富强贡献的绵薄之力。我将以培养能担当民族复兴大任的时代新人为目标，不断提高自身修养、增强本领、扎实工作、创新奋进，为推动我国教育的高质量发展贡献力量。

红色资源在初中思政课中的应用
——以"诚信无价"中的辩论环节为例

玉潭街道城北中学　程新颜

┌─ **【教学背景】** ─┐

初中生的思想活跃，他们对活动的参与意识和要求民主的意识更加强烈，也希望能有一定发言权发表对于事情的看法，所以，相对于传统的填鸭式的灌输法，道德与法治课上辩论的运用更能受到他们的欢迎。[①] 道德与法治课中的辩论教学是指教师在课堂上有针对性地设置问题，引导学生围绕核心辩题自主选择观点形成正反双方，运用事实来说明自己的观点并力求驳倒对方的观点的一种课堂组织形式。

┌─ **【教学目标】** ─┐

1. 知识目标

了解诚信是中华民族的传统美德，是立身、立业之根本。

2. 能力目标

提高学生对诚信问题的认识能力。

3. 情感、态度、价值观目标

感受诚信是中华民族的传统美德；坚信诚信是做人的基本准则，是立身、立业之道。

---

① 沈晓敏. 提升课堂辩论深度的教学策略：以社会学科课堂教学为案例 [J]. 课程·教材·教法，2014，34（1）：99-104.

【教学内容】

八年级上册第四课第三框"诚实守信"的前半部分"诚信无价"，主要是探讨诚信的价值，也就是"为什么要讲诚信"。八年级的学生大多知道诚信很重要，但是诚信为什么重要，它的价值体现在什么地方，他们并不十分清楚。这是这一部分的重点，也是难点所在。

【教学思路】

在八年级道德与法治课上，为了探讨诚信的价值，教师运用本土的红色资源——何叔衡的故事导入新课。为了提高学生的学习兴趣和主动性，培养学生的思维品质，体现学生在学习中的主体地位，教师设置了辩论的教学活动。辩论中又引导学生搜集了本土企业楚天科技诚信为本股价上升的事例，和兰凤梅夫妇克服困难还公债的故事，作为教学素材。

教 学 过 程

本堂课的导入部分我运用了何叔衡的故事视频，他曾对毛主席说过："我愿意为苏维埃流尽最后一滴血。"后来他用实际行动甚至是生命践行了自己的诺言。学生从他的身上看到了诚信的品质。市域红色资源的运用，更有震撼力，学生听说何老是宁乡人之后，都感到非常自豪。

为了激发学生兴趣，引导学生深入探究和思考问题，我设置了一个辩题——"诚信的价值能否用金钱来衡量？"让学生进行辩论。为使辩论能顺利进行，首先我让学生分组讨论来确定自己的观点，然后正反双方根据材料（可以是名言，也可以是事例）辩论。辩题抛出后，学生的兴致非常高，他们搜集到了关于个人、企业以及国家等主体讲诚信的正面事例，也搜集到了相关的反面事例。辩论中，首先正反双方各派一位代表，根据所搜集到的事实陈述自己的观点，然后再进行自由辩论。

正方的观点是诚信有价，意思是诚信的价值可以用金钱来衡量。他们列举出了宁乡本地的一家企业——楚天科技的事例。楚天秉持以诚信为本，让顾客满意的宗旨，被评为湖南省环境诚信企业。正是因为楚天始终坚持诚信经营，自 2002 年公司成立以来股价不断上升，如今市值 130 多个亿。还有"诚信中国节"组委会举办的一次活动，评选出的十名诚信楷模大学生分别获得了 2 万元的诚信助学基金。紧接着，他们还举出了反面的例子，某明星不诚信，偷税漏税被罚款八亿多，以此力证诚信有价。

反方的观点是诚信无价，意思是诚信的价值是不能用金钱来衡量的。他们提出诚信是中华民族的传统美德，是一个人的安身立命之本，这是用金钱买不到的，也是无法用金钱来衡量的。何叔衡等老一辈无产阶级革命先烈，他们讲诚信，他们的付出换来了新中国的成立，换来了我们今天的幸福生活，这样的价值是不可以用金钱来衡量的。东欧小国立陶宛不顾中国大陆方面的强烈反对，执意要与中国台湾互设办事处，严重背离"一个中国"原则，中国外交部立即决定召回驻立陶宛大使，并要求立陶宛召回驻华大使。立陶宛使自身陷入了孤立，也正在葬送立陶宛人民的未来，这样的后果是用金钱不能弥补的。

接下来的自由辩论环节，正反双方唇枪舌剑，辩论非常激烈，难分伯仲。最后老师总结，诚信可以带来经济的价值，更可以带来比金钱更重要的价值，它是无价之宝。通过辩论，对于诚信的重要性，同学们都有了非常深刻的理解。并且，宁乡市域红色资源在辩论赛中的运用，不但让本土的红色文化得到了传承，也让学生们感受到榜样就在自己身边，更激发了他们对家乡的热爱和愿意为家乡建设出力的决心。

通过运用红色资源对诚信的价值进行辩论，学生的思维品质也得到了很好的培养。首先，辩论能培养学生思维的深刻性。在"诚信无价"这一内容的学习中，学生通过分析搜集到的事例找到了表面现象与内在本质之间的联系。当反方同学提出"诚信是中华民族的传统美德，美德是无价的，所以诚信是无价的"这一观点时，正方同学反驳，拥有诚信美德的人，更容易融入社会，也更容易得到一份好的工作，所以诚信有价。这说明他们对这个问题有了深入的思考，体现了思维的深刻性。其次，辩论能培养学生思维的逻辑性。要进行辩论，学生必须有条理地、有顺序地组织自己的语言。在"诚信无价"这一节内容的辩论中，学生必须从正反事例中去分析讲诚信的价值和不讲诚信的危害，这需要他们克服思维的无序性，培养思维的逻辑性。第三，辩论也能培养学生思维的敏捷性。在自由辩论环节，学生必须通过聆听对方辩友的观点来确定自己如何反驳，这需要他们快速反应，找出对方逻辑中的漏洞，从而驳倒对方的观点。在诚信无价与诚信有价的辩论中，当正方提出反面事例，某明星不讲诚信，偷税漏税被罚款，来说明诚信有价时，反方的同学立马回应，这个事例只能说明诚信是一项民法原则，并不能说明诚信有价，并且不讲诚信所带来的后果是不能用金钱来弥补的，所以诚信无价。这种反驳反映了学生思维的敏捷性。第四，辩论还能培养学生思维的批判性。要证明自己的观点是正确的，学生必须对对方的观点有质疑，进而找到对方的漏洞，最终才能找到本方观点的立足点。

在课堂里组织辩论也使教师转变了教学方式，课堂上的师生角色发生了改变，教师成了组织者和引导者，而学生成为课堂的主体。但是，组织辩论对教师驾驭课堂的能力也提出了更高的要求，表现在对辩题的设置、对时间的把控、对教学生成的应对、对在学生辩论中出现的偏题现象的纠正等情况，教师都要做出及时的反应，采取有效的方式应对。

孔子说"因材施教"，很多教育家也指出"教无定法"。我想，突破常规，启发主体参与，落实核心素养，开拓创新，应该是未来思政教育的主旋律！

32 运用红色资源，点亮思政课堂
——以"共圆中国梦"为例谈谈道德与法治课的有效设计

玉潭街道城北中学　黄献群

【教学背景】

浇花浇根，育人育心。红色资源是思政教育的重要资源。思政教师要充分借助身边的力量进行活动，让红色文化进入课堂，让红色精神烙入学生的心灵，在思政过程中进行各种形式的反馈，从而加深内化。[①]

【教学内容】

"共圆中国梦"是部编版道德与法治教材九年级上册第四单元第八课《中国人，中国梦》的第二节内容，承接上一节"我们的梦想"，旨在帮助学生理解实现中国梦的路径，引导学生树立对国家发展、民族进步的信心，做自信的中国人。

【教学目标】

1．知识与能力目标

（1）懂得实现中国梦，必须坚持党的领导，必须走中国道路、弘扬中国精神、凝聚中国力量；了解中国自信、民族自信的根本原因以及自信的中国人的表现。

（2）培养用历史与发展的观点看问题的能力，提高价值判断和价值选择的能力。

---

① 王岩．讲好红色故事　赓续红色血脉［N］．太原日报，2021-07-27（07）.

2. 情感、态度与价值观目标

坚定为实现中华民族伟大复兴而奋斗的信念，懂得青少年所担负的时代责任与历史使命，做自信的中国人。

【教学思路】

在宁乡的这片红色沃土上，诞生了很多杰出的人物，流传着数不清的红色故事。其中有据可查的红色资源有80多处，这是思政教育的重要资源。这就需要我们思政教师充分借助身边的力量进行活动，让红色文化进入课堂，让红色精神烙入学生的心灵，在思政教育过程中进行各种形式的反馈，从而加深内化，让中小学生牢记党领导宁乡人民革命、建设和改革的奋斗历程，饮水思源，进一步坚定"听党话、跟党走"的信念。因此，在教学中弘扬本土文化，这也是宁乡思政教师义不容辞的时代使命和责任。

教 学 过 程

本堂课的导入部分我运用了何叔衡的故事视频，他曾对毛主席说过："我愿意为苏维埃流尽最后一滴血。"后来他用实际行动甚至是生命践行了自己的诺言。运用红色资源，点亮思政课堂。

一、弘扬本土文化的现实困境

当前思政教学中普遍存在这样的倾向：老教师重课本知识的传授，重中考应对策略的传授；年轻教师因为不了解本土文化，专注于课件的制作、希沃等软件的使用，专注于新技术手段的运用。这就直接造成我们的思政课堂利用本土文化的程度不够，必须实现资源融合。

二、点亮思政课堂的有效做法

行程万里，不忘来路；信念如磐，一脉相承。如何让当代青年理解革命先辈的理想信念？故事，是最好的桥梁。讲好红色故事，也是传承红色文化和革命精神的关键所在。作为思政教学一线的工作者，我始终认为思政课堂是学生爱国教育和形成社会主义核心价值观的主阵地。"共圆中国梦"是每一个学生爱国必修政治课，下面我就这一课内容是如何利用红色资源点亮思政课堂的和大家一起探讨。

本课情感态度价值观目标是坚定中国特色社会主义道路自信、理论自信、制度自信、文化自信，做自信的中国人。在本课的学习过程中，我有五处集中运用了本土资源进行探究和学习。

1. 导入

观看视频《中国梦是人民的梦》。

中国的腾飞为实现中国梦提供了最好的历史机遇，国家和社会的发展进步，为我们每个人实现自己的梦想创造了良好的条件。通过这个视频让学生明白，我们正处于实现梦想的好阶段，站在时代的舞台上，我们离圆梦的时刻越来越近。

这个视频很直观地给学生展示了我们国家的发展成就和各行各业的追梦过程，学生带着激动之情来学习这一课，学习兴趣自然增加了。

观点引用：观看视频以后，引用习总书记的话导入新课。

2. 圆梦大舞台

为了让学生更清晰地感知中国梦，我用五张图片讲述宁乡的故事。

这五年，宁乡最大的变化是什么？看了这些图片，孩子们不禁感叹：宁乡原来这么好！对家乡的热爱之情油然而生。不忘初心展宏图，肩负重任再出发。宁乡市第二届人民代表大会第一次会议、政协宁乡市第二届委员会第一次会议于2021年10月27日落下帷幕，也被我搬到了课堂上。我还顺势讲述了宁乡未来五年的梦想："建成省会副中心，挺进全国前十强！"未来五年，是宁乡大力实施"三高四新"战略，乘势而上、转型升级、争先进位，推进"十四五"高质量发展的关键五年。身为宁乡人，那我们应该怎么做呢？新坐标、新定位、新使命，而这恰好与我们的中国梦是一脉相承的。[①]

未来五年，宁乡实现"挺进全国前十强"目标的底气在哪里？一起来看视频。第二次用视频加深宁乡印象，再次激发家乡情感。

活动一：宁乡在过去五年取得辉煌成就的过程中，有哪些成功经验值得其他城市借鉴？分小组合作探究。

这个活动设计的巧妙之处在于通过大家熟悉的身边人、身边事链接教材，熟悉教材。

3. 做自信中国人

活动二：探究与分享。

---

① 一梦惊醒天下知［N］.湖南日报，2018-05-28（04）.

第二个活动设计同样从三个不同角度选取宁乡人的典型事例引导大家思考：做自信的中国人应具备哪些特质？

本堂课通过两个视频、两个活动、三个宁乡人的经典案例，深挖本土文化，共圆中国梦。在上课的过程中，有视频、图片、资料以及老师的讲授和学生的互动，从而大大加深了学生对本课的理解和领会，使理论性比较强的知识变得生动有趣。

最后师生共同总结：通过宁乡的变化、宁乡人的故事，我们知道了如何实现中国梦，知道了做自信中国人的要求，树立了爱宁乡、爱祖国的信心和决心。

本课时设计依托教材问题，又补充了相关的红色资料，充实和丰富了课堂，培养了学生的良好道德规范、奉献意识、家国情怀等，引领广大青少年树立远大理想，勇做社会主义事业的建设者和接班人。

三、教学感悟：开展红色教育，传递楚沩之声

每块红色土地都传承着永不褪色的红色记忆。宁乡，走出了刘少奇、何叔衡、谢觉哉等一大批无产阶级革命家，追寻楚沩大地的革命足迹，红色资源灿若繁星，红色精神耀眼夺目，红色基因生生不息。传承红色基因，汲取奋进力量，我们要用好楚沩红色资源。

红色资源是开展党史学习教育最鲜活的教材。身处新时代，习近平新时代中国特色社会主义思想是红色教育的"魂"，楚沩红色文化资源是"体"。要以开展思政课为契机，挖掘楚沩红色文化资源的精神内涵和外延，通过创新，把我们想讲的变成学生想听的，讲好楚沩红色故事，提高思政教育质量。

传承红色基因，铺就青春底色
——以"青春有格"为例

长郡沩东中学　姜红青

【教学思路】

历史是最好的教科书。爱国是青春的底色。青少年需要传承红色基因，为自己的青春铺就爱国的底色。

【教学内容】

本课是七年级下册第一单元"青春时光"的落脚点。第一目"行己有耻"引导学生要有羞耻之心，不断提高辨别"耻"的能力并树立底线意识，不断增强自控力；第二目"止于至善"引导学生理解其含义并寻找榜样，做到自省和慎独。本节课是对学生自律自省的教育，采用名人事例进行激励，引导学生向模范学习。

【教学目标】

1. 通过教学使学生认识到青春并不意味着肆意放纵，总有一些基本规则不能违反，一些基本界限不能逾越。

2. 体会"行己有耻""止于至善"的含义，能够在学习、生活中做到行己有耻，止于至善。

3. 通过教学，培养学生的荣辱意识、"至善"追求，使学生能够做到有所为，有所不为，能够"见贤思齐"，端正自己的行为，追求理想的境界。

习近平总书记在给复旦大学青年师生党员的回信中说："心有所信，方能行远。"作为青年一代，心中有国家和人民，方能成为国家的可用之才。思政课程是"立德树人"的关键课程，更要把我国丰富的红色资源作为生动的教材，尤其是当地的红色文化，更是学生学习的好素材。让学生学习红色文化，吸取红色精神，传承红色基因，为青春铺就爱国底色。下面我以"青春有格"为例，谈谈红色文化在思政课堂中的运用。

一、聆听红色故事，感悟红色精神

红色故事是展现革命精神最好的资源，也是最鲜活的载体。学生身边的本地红色故事更是最好的上课素材。比如：我在上"青春有格"这一课时，就以"宁乡四髯"的红色故事导入。首先，我给他们讲述云山书院的简况。云山书院坐落在宁乡市横市镇云山村，是宁乡古代四大书院之一、宁乡新文化运动的中心，著名的革命摇篮。伟大的无产阶级革命家何叔衡、谢觉哉、姜梦周、王凌波等都曾在此执教，为革命培养了大批英才。云山书院的革命传统和革命精神在湖南乃至全国影响深远。因此，在这堂课中，我一开始就把云山书院的故事讲给他们听，通过一个个鲜活灵动的故事来增进学生的家国情怀，培养学生对家乡的认同感和自豪感，引领他们自觉担当建设美好家乡、实现民族伟大复兴的重任。

当然，如果觉得教师讲故事这种方式还比较单一的话，可以让学生参与进来，让学生通过亲身体会，将所见到的和所感悟到的红色故事在课堂上交流分享。这样能更好地加强学生对红色文化的认知力度，加深学生的情感体验，也更容易使学生产生思想上的共鸣。

二、领悟红色初心，吸取榜样力量

谢觉哉是宁乡人，他在成为国家领导人以后，乡亲们纷纷给他写信，儿子也写信向他要差事。谢觉哉回信断然拒绝："你们说我做大官，我官好比周老官；起得早来眠得晚，能多做事即心安。"在学习《青春有格》的"行己有耻"这个内容时，我引入谢觉哉的这个故事，让学生感悟到谢老一心为人民服务的初心。谢老的知廉耻、懂荣辱，有所为、有所不为的精神值得我们学习，是我们行动的标杆。中国共产党的初心是什么？就是谢老这种一心为民、一心为国的精神，是为民谋幸福、为国谋复兴的担当。那么，要传承这样的初心，青春的我们，就要乐于实践，青春的我们，怎能肆意妄为？青春的我们，怎能违反规则？怎能不遵纪守法？学生领略到谢老的这种"行己有耻"，在生活中就有了行动的标杆，并能把这种红色精神传承下去。

三、参观红色印记，点亮精神之光

学习的目的在于践行。我们可以把思政课堂搬到红色根据地，通过参观走访，让红色精神更加深入灵魂，内化于心，并且外化于行。在学习《青春有格》的"止于至善"这个内容时，我带学生以研学的方式参观学校附近的何叔衡故居。学生一边参观，一边听着革命的故事。透过故居陈列的一件件何叔衡的遗物，他们的心飞向了革命时代。何叔衡的"三件宝"——布袋子、手电筒、记事簿，更是激起了学生的共鸣。何叔衡工作时不避风雨、不辞劳累，深入苏区乡村调查民情，尽力为苏区人民解决水利、交通、粮食、教育等民生问题。他排除干扰坚持实事求是的原则，无怨无悔忠心向党的精神，点亮了学生精神的火花。学生沉浸在红色文化中，深感原来榜样就在身边。共产党员在革命历程中的坚毅与不屈，心系人民、勇于牺牲的大爱，让学生深深感动，大家纷纷表示一定要向这些革命前辈学习，努力学习科学文化知识，将来报效祖国。我趁热打铁，要求学生做一个规划青春的计划书，规划自己如何学习，如何践行报国之志。这样让学生在青年时期就将报国之心、奋斗之志融入人生追求，铺就了鲜红的爱国底色。它将始终流淌在青年血脉里，帮助青年在广阔的天地中找到建功立业的机会。

总之，我们在思政课堂中做好红色教育，让红色成为青春的底色，青年方能明辨是非曲直，认清真伪善恶，让爱国情怀内化于心，担当作为外化于行，真正成为社会主义的建设者和接班人。

当然，在思政课堂中，运用红色文化，也有一些需要注意的地方和目前存在的实际问题。比如，要让红色文化融入课堂，融入学生的大脑当中，从而在实践中去践行、去弘扬，我认为作为老师首先要注意把握红色资源的导向。而导向方面又主要应把握好红色文化的理论导向、立场导向和价值导向。这也是确保思政教学的方向、立场和价值所必需的。教师只有全方位把握好导向问题，才能更好地彰显思政课程的内在魅力，更好地完成思政课程"立德树人"的根本任务。

另外，红色文化运用于课堂，还亟待解决一个非常实际的问题，那就是教师要对当地的红色文化在了解的基础上还有进一步的研究。如果教师自己了解和认识不足，很难在课堂上找到合适的切合点和学生探讨，也无法发挥当地红色文化的价值。

因此，要让当地红色资源在思政课堂上大放光彩，让学生更好地传承红色基因，还需要我们广大的一线思政教师去探索，去实践，去创新。

34 融入红色故事，打造有风景的思政课堂
——以"共圆中国梦"课堂设计为例

长郡沩东中学 姜红青

【教学思路】

红色故事是展现革命精神最好的资源，也是最鲜活的载体。在思政课堂教学中，给学生讲好红色故事，打通红色资源与课堂的脉络，将红色资源渗入课堂，将红色故事融入知识点，让原本枯燥的课堂变得"有风景"，让思政课堂红起来、活起来，从而提升课堂教学效果。

【教学背景】

让思政课堂"活"起来，让孩子们真正喜欢上我的思政课，提高课堂教学效果，是从教二十来年的我一直孜孜不倦追求的。但由于这门课程说的大道理有点多，学生不太感兴趣。虽然目前提倡新课改，提倡素质教育，但是学生的应试压力重，对于思政课兴致一直不高。俗话说，"兴趣是最好的老师"，针对初中生偏直观思维、好奇心强的特点，我在思政课堂上一直坚持融入红色故事，以期在提升课程思想性的同时提高学生的学习兴趣。

【教学内容】

本框共安排两目的内容：

第一目"圆梦大舞台"。时代构筑圆梦大舞台。实现中华民族伟大复兴的中国梦，从国家层面来看，必须坚持党的领导，贯彻新发展理念，统筹推进"五位一体"总体布局，协调推进"四个全面"战略布局，必须走中国道路、弘扬中国

精神、凝聚中国力量；从个人层面来看，中国梦的实现离不开每个人的奋斗。本目是本课教学的重点，也是难点。本目主要表达了两层意思：其一，圆梦的历史机遇；其二，如何共圆中国梦。

第二目"自信的中国人"。本目意在使学生了解中国自信、民族自信的原因以及自信的中国人的表现，从而引导学生思考怎样才能成为一名自信的中国人，进而与时代同进步，与祖国共成长。本目主要表达了四层意思：其一，中国自信、民族自信的根本原因；其二，自信的中国人的表现；其三，做自信的中国人；其四，与时代同进步，与祖国共成长，做自信的中国人。

【教学目标】

1. 懂得实现中华民族伟大复兴的中国梦，必须坚持党的领导，必须走中国道路、弘扬中国精神、凝聚中国力量。

2. 能辨别和判断自信的中国人的表现，提高价值判断和价值选择的能力。

3. 坚定中国特色社会主义道路自信、理论自信、制度自信、文化自信，做自信的中国人。

教 学 过 程

红色故事是展现革命精神最好的资源，也是最鲜活的载体。在思政课堂教学中，给学生讲好红色故事，打通红色资源与课堂的脉络，将红色资源渗入课堂，将红色故事融入知识点，让原本枯燥的课堂变得"有风景"，让我们的思政课堂红起来、活起来，从而提升课堂立德树人的效果。下面，我就以初三"共圆中国梦"一课为例，谈谈如何用红色故事使我的思政课堂变得"有风景"。

根据《湖南省红色资源保护和利用条例》，红色资源是指新民主主义革命以来，包括新民主主义革命时期、社会主义革命和建设时期、改革开放和社会主义现代化建设时期、新时代中国特色社会主义时期，中国共产党团结带领各族人民所形成的具有历史价值、教育意义、纪念意义的物质资源和非物质资源，以及蕴含其中的重要精神。要用红色资源来激发学生学习兴趣，增强他们对党和国家的认同感，学生身边的本地红色故事当然是最好的上课素材。因此，课前我做了大量的准备工作，深入挖掘本地的红色资源，选用了四个红色故事来打造我的思政课堂。

一、用红色故事导入新课，引爆学生思维、激发学生兴趣

一个好的开头能带活整个课堂。采用本地红色故事导入能紧贴中学生的心理诉求，增强他们的好奇心和自豪感，迅速带活学生的思维活动，激发学生的学习兴趣。

云山书院坐落于宁乡横市镇云山村，是宁乡古代四大书院之一、宁乡新文化运动的中心，著名的革命摇篮，为革命培养了大批英才。云山书院的革命传统和革命精神在湖南乃至全国影响深远，伟大的无产阶级革命家、"宁乡四髯"何叔衡、谢觉哉、姜梦舟、王凌波等都曾在此执教多年。因此，云山书院是我们横市人民的骄傲。"宁乡四髯"的故事也是学生非常感兴趣的。这堂课我选用谢觉哉先生的故事来导入。用谢觉哉先生的词《忆江南　家乡好》配上王丽文的演唱作为导入，让学生既有熟悉感又有新奇感。在王丽文动听的歌声里，我们听到了谢觉哉先生祈盼家乡好、人民安居乐业的美好愿景。而今天，横市的发展有目共睹，谢老先生的梦想已经变成了现实。为了让家乡横市的明天更美好，我们要万众一心加油干，共圆中国梦！通过这个故事，学生由衷生成了一种对家乡的热爱和自豪感，在这种情感体验中进入到本节课的主题——"共圆中国梦"。

二、用红色故事带动课堂，引导学生生成知识、掌握知识

在这个环节中，我给学生讲了两个故事。

1. 聚焦横市，讲好横市故事

通过"走近今天的横市"和"回顾昨天的横市"两个镜头，讲好横市故事。展现了横市人民在党和政府领导下，传承云山书院精神，上下齐心、凝心聚力共创横市辉煌的奋斗历程。由点到面，学生由"横市梦"的圆梦历程自发完成了对知识点"如何共圆中国梦"的掌握。

2. 用红色故事点燃中国自信，做自信的中国人

在这个环节中，我给学生讲《战狼Ⅱ》中最感动人心的一幕——主人公带领中国人高举中国国旗通过交战区回到祖国母亲怀抱，并提问："为什么他们如此自信，坚信高举中国国旗就一定能冲过去？"用这一故事点亮学生心中自信的明灯，激发他们内心作为中国人的骄傲与自信——"我骄傲　我是中国人"，探寻

自信的根源——"在你的身后，有一个强大的中国"。通过这个故事，学生对"我们为什么能如此自信"这个知识点的把握会比较透彻。

三、利用红色故事引导学生树立正确的人生观和价值观

孔子说，"学而不思则罔"。生活离不开思考，学生的成长也离不开思考。只有学会了对生活自觉反思后，一个人才算结束了懵懂状态，开始自觉地把握生活。因而，学会对生活的自觉反思，非常重要。

思政课堂是学生感悟生活，形成正确"三观"的主阵地，但空洞的教条灌输或者纯理性的哲理分析都不能为中学生所接受，往往一个小时的道理说教远没有一分钟的小故事感悟来得快、来得深。^① 因此在学习"如何做一个自信的中国人"这一环节里，我给大家讲了宁乡革命烈士夏尺兵"坚贞不屈，为革命流尽最后一滴血"的故事，号召大家向他学习，像他一样，对党忠诚，有强烈的爱国之心和报国之志。通过这个故事，引导学生自然而然地生成一种对党的热爱，和以天下为己任，忠诚党、热爱党的情感，引导学生树立正确的人生观和价值观，落实思政课立德树人的根本任务。

四、布置红色故事作业，拓宽拓深思政育人时空

虽然新教材的阅读性比较强，但对中学生来说，有些内容还是比较乏味的，要他们记住这些内容，还是有一定的难度。我们可以把课文内容串编成故事，加强学生的记忆。这节课我把这个任务留给了学生，让学生课后搜集更多的与本节课有关的红色故事，下节课我们一起来讲故事、串故事。让学生参与到查红色故事、讲红色故事中来，拓展思政课堂育人的时空，更能调动他们的热情，且学生的表达能力、表现能力和自信心也会在潜移默化中得到提高，综合素质也会提高。

总之，红色故事是最生动、最丰富的教育素材，只要我们善于挖掘，选材得当，运用自如，它的魅力是无穷的。我的课堂通过这一个个灵活生动的红色故事，将红色资源以感性形式呈现给学生，让学生在真实体验中生成知识，激活了学生的主体性，让学生真正主动参与，让我的课堂真正活起来了，让学生真正动起来了，也让我的课堂充满了"别样风景"。

---

① 肖发生. 定位与提升："红色资源"的再认识［J］. 井冈山学院学报（哲学社会科学），2009，30（01）：19-23+27.

"蓦然回首，那人却在，灯火阑珊处。"原来，我们的思政课堂也可以这么精彩。提高思政课堂的教学效率，落实思政课立德树人的根本任务，作为一个思政人，我将在"讲好红色故事，传承红色基因，打造有风景的思政课堂"这条道路上继续努力，砥砺前行！